Harmonie de l'Orient

Un Voyage Savoureux à Travers les Recettes Chinoises Authentiques

Li Wei

Table des matières

Gambas sauce litchi 10
Crevettes sautées à la mandarine 12
Crevettes à la mange-tout 13
Crevettes aux Champignons Chinois 14
Crevettes et petits pois sautés 15
Gambas au chutney de mangue 17
Crevettes de Pékin 19
Gambas aux Poivrons 20
Gambas sautées au porc 20
Crevettes géantes frites avec sauce au xérès 22
Crevettes sautées au sésame 23
Crevettes sautées dans leur carapace 24
Crevettes frites 25
Tempura de crevettes 26
Gomme à mâcher 27
Crevettes au Tofu 28
Crevettes à la Tomate 29
Crevettes à la Sauce Tomate 30
Crevettes à la Sauce Tomate et au Chili 31
Gambas sautées à la sauce tomate 32
Crevettes aux Légumes 33
Gambas aux châtaignes d'eau 34
raviolis aux crevettes 35
Ormeau au Poulet 36
Ormeau aux asperges 37
Ormeau aux Champignons 39
Ormeau à la sauce aux huîtres 40
palourdes cuites à la vapeur 41
Palourdes aux germes de soja 41
Palourdes au gingembre et à l'ail 43
Palourdes sautées 44
beignets de crabe 45

crème de crabe	46
Chair de crabe feuille de Chine	47
Crabe Foo Yung aux germes de soja	48
Crabe au gingembre	49
Crabe Lo Mein	50
Crabe sauté au porc	52
Chair de crabe sautée	53
boulettes de seiche frites	54
homard cantonais	55
homard frit	56
Homard vapeur au jambon	57
Homard aux Champignons	58
Queues de Homard au Porc	59
Homard sauté	60
nids de homard	61
Moules à la sauce aux haricots noirs	62
Moules au gingembre	64
Moules à la vapeur	65
huîtres frites	66
huîtres au bacon	67
Huîtres frites au gingembre	68
Huîtres sauce aux haricots noirs	69
Saint-Jacques aux pousses de bambou	70
Pétoncles à l'Oeuf	71
Pétoncles au Brocoli	72
Noix de Saint Jacques au Gingembre	74
Pétoncles au Jambon	75
Noix de Saint-Jacques brouillées aux herbes	76
Pétoncle et oignon sautés	77
Pétoncles aux Légumes	78
Saint-Jacques aux Poivrons	79
Calamars aux germes de soja	80
Calamar frit	82
paquets de calmars	83
rouleaux de calamars frits	85
Calamars sautés	86

Calamars aux Champignons Séchés *87*
Calamars aux Légumes *88*
Mijoté de boeuf à l'anis *89*
Veau aux asperges *90*
Bœuf aux Pousses de Bambou *91*
Boeuf aux Pousses de Bambou et Champignons *92*
Bœuf braisé à la chinoise *93*
Veau aux germes de soja *94*
Bœuf avec brocoli *95*
Boeuf aux Graines de Sésame au Brocoli *96*
Rôti *98*
Bœuf cantonais *99*
Bœuf aux carottes *100*
Boeuf aux Noix de Cajou *101*
Casserole de bœuf à la mijoteuse *102*
Veau au chou-fleur *103*
Boeuf au Céleri *104*
Tranches de boeuf frites au céleri *105*
Bœuf effiloché au poulet et céleri *106*
Boeuf au Chili *107*
Boeuf au Chou Chinois *109*
Boeuf Chop Suey *110*
boeuf au concombre *113*
Chow mein au boeuf *114*
steak de concombre *116*
Curry de boeuf au four *116*
Sauté de poulet simple *118*
Poulet à la sauce tomate *120*
Poulet aux tomates *121*
Poulet poché aux tomates *122*
Poulet et tomates avec sauce aux haricots noirs *123*
Poulet cuit rapidement avec des légumes *124*
poulet aux noix *125*
Poulet aux Noix *126*
Poulet aux châtaignes d'eau *127*
Poulet salé aux châtaignes d'eau *128*

raviolis au poulet	130
ailes de poulet croustillantes	131
Ailes de poulet aux cinq épices	132
Ailes de poulet marinées	133
Ailes de poulet royales	135
Ailes de poulet épicées	137
Cuisses de poulet grillées	138
Cuisses de Poulet Hoisin	139
poulet braisé	140
poulet frit croustillant	141
Poulet Frit Entier	143
poulet aux cinq épices	144
Poulet au gingembre et ciboulette	146
poulet poché	147
Poulet Cuit Rouge	148
Poulet aux épices cuit au rouge	149
Poulet grillé au sésame	150
Poulet à la sauce soja	151
poulet vapeur	152
Poulet vapeur à l'anis	153
poulet au goût étrange	154
morceaux de poulet croustillants	155
Poulet aux Haricots Verts	156
Poulet cuit à l'ananas	157
Poulet aux Poivrons et Tomates	158
Poulet au sésame	159
poussins frits	160
Dinde avec mange-tout	161
Dinde aux Poivrons	163
dinde rôtie à la chinoise	165
Dinde aux Noix et Champignons	166
canard aux pousses de bambou	167
Canard aux germes de soja	168
canard mijoté	169
Canard vapeur au céleri	170
canard au gingembre	171

Canard aux Haricots Verts *173*
canard frit à la vapeur *175*
Canard aux Fruits Exotiques *176*
Canard Braisé aux Feuilles Chinoises *178*
canard ivre *179*
canard aux cinq épices *180*
Canard sauté au gingembre *181*
Canard au Jambon et Poireaux *182*
canard rôti au miel *183*
canard rôti humide *184*
Canard sauté aux champignons *186*
canard aux deux champignons *188*
Canard braisé aux oignons *189*
Canard à l'Orange *191*
canard rôti à l'orange *192*
Canard aux Poires et Châtaignes *193*
canard laqué *194*
Mijoté de Canard à l'Ananas *197*
Canard sauté à l'ananas *198*
Canard Ananas Gingembre *200*
Canard à l'Ananas et aux Litchis *201*
Canard au Porc et aux Châtaignes *202*
Canard aux pommes de terre *203*
Canard Bouilli Rouge *205*
Canard rôti au vin de riz *206*
Canard vapeur à l'alcool de riz *207*
canard salé *208*
Canard salé aux haricots verts *209*
canard mijoté *211*
Canard Sauté *213*
canard aux patates douces *214*
canard aigre-doux *216*
canard mandarine *218*
Canard aux Légumes *218*
Canard Sauté aux Légumes *220*

Gambas sauce litchi

pour 4 personnes

50 g / 2 oz / ½ tasse simple (tout usage) farine

2,5 ml / ½ c. à thé de sel

1 oeuf, légèrement battu

30 ml / 2 cuillères à soupe d'eau

450 g / 1 livre de crevettes décortiquées

huile de friture

30 ml / 2 cuillères à soupe d'huile d'arachide

2 tranches de racine de gingembre, hachées

30 ml / 2 cuillères à soupe de vinaigre de vin

5 ml / 1 cuillère à café de sucre

2,5 ml / ½ c. à thé de sel

15 ml / 1 cuillère à soupe de sauce soja

200 g / 7 oz de litchis en conserve, égouttés

Fouettez ensemble la farine, le sel, l'œuf et l'eau pour faire une pâte, en ajoutant un peu plus d'eau si nécessaire. Mélanger avec les crevettes jusqu'à ce qu'elles soient bien panées. Faites chauffer l'huile et faites revenir les crevettes quelques minutes jusqu'à ce qu'elles soient croustillantes et dorées. Égoutter sur du papier absorbant et déposer sur une assiette de service chaude.

Pendant ce temps, chauffer l'huile et faire revenir le gingembre pendant 1 minute. Ajouter le vinaigre de vin, le sucre, le sel et la sauce soja. Ajouter les litchis et remuer jusqu'à ce qu'ils soient chauds et recouverts de sauce. Verser sur les crevettes et servir aussitôt.

Crevettes sautées à la mandarine

pour 4 personnes

60 ml / 4 cuillères à soupe d'huile d'arachide

1 gousse d'ail écrasée

1 tranche de racine de gingembre, hachée

450 g / 1 livre de crevettes décortiquées

30 ml / 2 cuillères à soupe d'alcool de riz ou de sherry sec 30 ml /

2 cuillères à soupe de sauce soja

15 ml / 1 cuillère à soupe de semoule de maïs (fécule de maïs)

45 ml / 3 cuillères à soupe d'eau

Faire chauffer l'huile et faire revenir l'ail et le gingembre jusqu'à ce qu'ils soient légèrement dorés. Ajouter les crevettes et faire revenir 1 minute. Ajouter le vin ou le xérès et bien mélanger. Ajouter la sauce soja, la fécule de maïs et l'eau et faire revenir pendant 2 minutes.

Crevettes à la mange-tout

pour 4 personnes

5 champignons chinois séchés
225 g / 8 oz de germes de soja
60 ml / 4 cuillères à soupe d'huile d'arachide
5 ml / 1 cuillère à café de sel
2 branches de céleri hachées
4 oignons verts (oignons verts), hachés
2 gousses d'ail écrasées
2 tranches de racine de gingembre, hachées
60 ml / 4 cuillères à soupe d'eau
15 ml / 1 cuillère à soupe de sauce soja
15 ml / 1 cuillère à soupe de vin de riz ou de xérès sec
8 oz / 225 g de pois mange-tout
225g / 8oz crevettes décortiquées
15 ml / 1 cuillère à soupe de semoule de maïs (fécule de maïs)

Faire tremper les champignons dans de l'eau tiède pendant 30 minutes, puis les égoutter. Jeter les tiges et couper les sommets. Blanchir les germes de soja dans de l'eau bouillante pendant 5 minutes et bien les égoutter. Faire chauffer la moitié de l'huile et faire revenir le sel, le céleri, les oignons nouveaux et les germes de soja pendant 1 minute, puis retirer de la poêle. Faire chauffer le reste de l'huile et faire revenir l'ail et le gingembre jusqu'à ce qu'ils soient légèrement dorés. Ajouter la moitié de l'eau, la sauce soya, le vin ou le xérès, les pois mange-tout et les crevettes, porter à ébullition et laisser mijoter 3 minutes. Mélanger la semoule de maïs et l'eau restante en une pâte, incorporer dans la casserole et laisser mijoter, en remuant, jusqu'à ce que la sauce épaississe. Remettre les légumes dans la poêle, laisser mijoter jusqu'à ce qu'ils soient bien chauds. Servir aussitôt.

Crevettes aux Champignons Chinois

pour 4 personnes

8 champignons chinois séchés
45 ml / 3 cuillères à soupe d'huile d'arachide (cacahuètes)
3 tranches de racine de gingembre, hachées
450 g / 1 livre de crevettes décortiquées
15 ml / 1 cuillère à soupe de sauce soja
5 ml / 1 cuillère à café de sel
60 ml / 4 cuillères à soupe de fumet de poisson

Faire tremper les champignons dans de l'eau tiède pendant 30 minutes, puis les égoutter. Jeter les tiges et couper les sommets.

Faire chauffer la moitié de l'huile et faire revenir le gingembre jusqu'à ce qu'il soit légèrement doré. Ajouter les crevettes, la sauce soja et le sel et faire sauter jusqu'à ce qu'elles soient juste enrobées d'huile, puis retirer de la poêle. Faire chauffer l'huile restante et faire revenir les champignons jusqu'à ce qu'ils soient recouverts d'huile. Ajouter le bouillon, porter à ébullition, couvrir et laisser mijoter 3 minutes. Remettre les crevettes dans la poêle et remuer jusqu'à ce qu'elles soient bien chaudes.

Crevettes et petits pois sautés

pour 4 personnes

450 g / 1 livre de crevettes décortiquées
5 ml / 1 cuillère à café d'huile de sésame
5 ml / 1 cuillère à café de sel
30 ml / 2 cuillères à soupe d'huile d'arachide
1 gousse d'ail écrasée
1 tranche de racine de gingembre, hachée
8 oz / 225 g de pois blanchis ou surgelés, décongelés
4 oignons verts (oignons verts), hachés
30 ml / 2 cuillères à soupe d'eau

sel et poivre

Mélanger les crevettes avec l'huile de sésame et le sel. Faire chauffer l'huile et faire revenir l'ail et le gingembre pendant 1 minute. Ajouter les crevettes et faire revenir 2 minutes. Ajouter les petits pois et faire revenir 1 minute. Ajouter la ciboulette et l'eau et assaisonner avec du sel et du poivre et un peu plus d'huile de sésame, si désiré. Chauffer en remuant soigneusement avant de servir.

Gambas au chutney de mangue

pour 4 personnes

12 crevettes

sel et poivre

jus de 1 citron

30 ml / 2 cuillères à soupe de semoule de maïs (fécule de maïs)

1 poignée

5 ml / 1 cuillère à café de poudre de moutarde

5 ml / 1 cuillère à café de miel

30 ml / 2 cuillères à soupe de crème de coco

30 ml / 2 cuillères à soupe de poudre de curry doux

120 ml / 4 fl oz / ¬Ω tasse de bouillon de poulet

45 ml / 3 cuillères à soupe d'huile d'arachide (cacahuètes)

2 gousses d'ail hachées

2 oignons verts (oignons verts), hachés

1 bulbe de fenouil, haché

100g / 4oz de chutney de mangue

Décortiquez les crevettes en laissant les queues intactes. Saupoudrer de sel, de poivre et de jus de citron, puis garnir de la moitié de la semoule de maïs. Pelez la mangue, coupez la chair de l'os, puis coupez la chair en dés. Mélanger la moutarde, le miel, la crème de noix de coco, la poudre de cari, le reste de fécule de maïs et le bouillon. Faire chauffer la moitié de l'huile et faire revenir l'ail, la ciboulette et le fenouil pendant 2 minutes. Ajouter le mélange de bouillon, porter à ébullition et laisser mijoter 1 minute. Ajouter les cubes de mangue et la sauce piquante et chauffer doucement, puis transférer dans une assiette de service chaude. Faites chauffer le reste d'huile et faites revenir les crevettes pendant 2 minutes. Disposez-les sur les légumes et servez-les tous en même temps.

Crevettes de Pékin

pour 4 personnes

30 ml / 2 cuillères à soupe d'huile d'arachide
2 gousses d'ail écrasées
1 tranche de racine de gingembre, hachée finement
225g / 8oz crevettes décortiquées
4 oignons nouveaux (oignons verts), tranchés épais
120 ml / 4 fl oz / ¬Ω tasse de bouillon de poulet
5 ml / 1 cuillère à café de cassonade
5 ml / 1 cuillère à café de sauce soja
5 ml / 1 cuillère à café de sauce hoisin
5 ml / 1 cuillère à café de sauce tabasco

Faire chauffer l'huile avec l'ail et le gingembre et faire revenir jusqu'à ce que l'ail soit légèrement doré. Ajouter les crevettes et faire revenir 1 minute. Ajouter la ciboulette et faire revenir 1 minute. Ajouter le reste des ingrédients, porter à ébullition, couvrir et laisser mijoter 4 minutes en remuant de temps en temps. Vérifiez l'assaisonnement et ajoutez un peu de sauce tabasco si vous préférez.

Gambas aux Poivrons

pour 4 personnes

30 ml / 2 cuillères à soupe d'huile d'arachide
1 poivron vert coupé en morceaux
450 g / 1 livre de crevettes décortiquées
10 ml / 2 cuillères à café de semoule de maïs (fécule de maïs)
60 ml / 4 cuillères à soupe d'eau
5 ml / 1 cuillère à café de vin de riz ou de sherry sec
2,5 ml / ¬Ω c. à thé de sel
45 ml / 2 cuillères à soupe de purée de tomates (pâte)

Faire chauffer l'huile et faire revenir le poivron pendant 2 minutes. Ajouter les crevettes et la purée de tomates et bien mélanger. Mélangez l'eau de semoule de maïs, le vin ou le xérès et le sel en une pâte, remuez dans la casserole et laissez mijoter, en remuant, jusqu'à ce que la sauce s'amincisse et épaississe.

Gambas sautées au porc

pour 4 personnes

225g / 8oz crevettes décortiquées

100 g / 4 oz de porc maigre, effiloché
60 ml / 4 cuillères à soupe de vin de riz ou de xérès sec
1 blanc d'oeuf
45 ml / 3 cuillères à soupe de semoule de maïs (fécule de maïs)
5 ml / 1 cuillère à café de sel
15 ml / 1 cuillère à soupe d'eau (facultatif)
90 ml / 6 cuillères à soupe d'huile d'arachide
45 ml / 3 cuillères à soupe de fumet de poisson
5 ml / 1 cuillère à café d'huile de sésame

Placer les crevettes et le porc dans des assiettes séparées. Mélangez 45 ml / 3 cuillères à soupe de vin ou de xérès, le blanc d'œuf, 30 ml / 2 cuillères à soupe de semoule de maïs et du sel pour obtenir une pâte souple, en ajoutant de l'eau si nécessaire. Répartir le mélange entre le porc et les crevettes et bien mélanger pour bien enrober. Faire chauffer l'huile et faire frire le porc et les crevettes pendant quelques minutes jusqu'à ce qu'ils soient dorés. Retirer de la poêle et verser tout sauf 15 ml / 1 cuillère à soupe d'huile. Ajouter le bouillon dans la casserole avec le reste du vin ou du sherry et de la semoule de maïs. Porter à ébullition et laisser mijoter, en remuant, jusqu'à ce que la sauce épaississe. Verser sur les crevettes et le porc et servir saupoudré d'huile de sésame.

Crevettes géantes frites avec sauce au xérès

pour 4 personnes

50 g / 2 oz / ¬Ω tasse de farine ordinaire (tout usage)

2,5 ml / ¬Ω c. à thé de sel

1 oeuf, légèrement battu

30 ml / 2 cuillères à soupe d'eau

450 g / 1 livre de crevettes décortiquées

huile de friture

15 ml / 1 cuillère à soupe d'huile d'arachide

1 oignon finement haché

45 ml / 3 cuillères à soupe de vin de riz ou de xérès sec

15 ml / 1 cuillère à soupe de sauce soja

120 ml / 4 fl oz / ¬Ω tasse de fumet de poisson

10 ml / 2 cuillères à café de semoule de maïs (fécule de maïs)

30 ml / 2 cuillères à soupe d'eau

Fouettez ensemble la farine, le sel, l'œuf et l'eau pour faire une pâte, en ajoutant un peu plus d'eau si nécessaire. Mélanger avec les crevettes jusqu'à ce qu'elles soient bien panées. Faites chauffer l'huile et faites revenir les crevettes quelques minutes jusqu'à ce qu'elles soient croustillantes et dorées. Égoutter sur du papier absorbant et déposer sur un plat de service chaud. Pendant ce temps, chauffer l'huile et faire revenir l'oignon jusqu'à ce qu'il soit tendre. Ajouter le vin ou le xérès, la sauce soja et le bouillon, porter à ébullition et laisser mijoter pendant 4 minutes. Mélanger la semoule de maïs et l'eau dans une pâte, incorporer dans la casserole et laisser mijoter, en remuant, jusqu'à ce que la sauce s'amincit et épaississe. Verser la sauce sur les crevettes et servir.

Crevettes sautées au sésame

pour 4 personnes

450 g / 1 livre de crevettes décortiquées
¬Ω blanc d'œuf
5 ml / 1 cuillère à café de sauce soja
5 ml / 1 cuillère à café d'huile de sésame
50 g / 2 oz / ¬Ω tasse de semoule de maïs (fécule de maïs)
sel et poivre blanc fraîchement moulu
huile de friture
60 ml / 4 cuillères à soupe de graines de sésame
Feuilles de laitue

Mélanger les crevettes avec le blanc d'œuf, la sauce soja, l'huile de sésame, la fécule de maïs, le sel et le poivre. Ajouter un peu d'eau si le mélange est trop épais. Faire chauffer l'huile et faire revenir les crevettes quelques minutes jusqu'à ce qu'elles soient légèrement dorées. Pendant ce temps, faire griller brièvement les graines de sésame dans une poêle à sec jusqu'à ce qu'elles soient dorées. Égoutter les crevettes et mélanger avec les graines de sésame. Servir sur un lit de laitue.

Crevettes sautées dans leur carapace

pour 4 personnes

60 ml / 4 cuillères à soupe d'huile d'arachide
750 g / 1¬Ω lb de crevettes non décortiquées
3 oignons verts (oignons verts), hachés
3 tranches de racine de gingembre, hachées
2,5 ml / ¬Ω c. à thé de sel
15 ml / 1 cuillère à soupe de vin de riz ou de xérès sec
120 ml / 4 fl oz / ¬Ω tasse de sauce tomate (ketchup)
15 ml / 1 cuillère à soupe de sauce soja
15 ml / 1 cuillère à soupe de sucre
15 ml / 1 cuillère à soupe de semoule de maïs (fécule de maïs)
60 ml / 4 cuillères à soupe d'eau

Faites chauffer l'huile et faites revenir les crevettes 1 minute si elles sont cuites ou jusqu'à ce qu'elles deviennent roses si elles sont crues. Ajouter les oignons nouveaux, le gingembre, le sel et le vin ou le xérès et cuire 1 minute. Ajouter la sauce tomate, la sauce soja et le sucre et faire revenir 1 minute. Mélanger la semoule de maïs et l'eau, incorporer dans la casserole et laisser mijoter, en remuant, jusqu'à ce que la sauce s'amincisse et épaississe.

Crevettes frites

pour 4 personnes

75 g / 3 oz / comble ¬° tasse de semoule de maïs (amidon de maïs)

1 blanc d'oeuf

5 ml / 1 cuillère à café de vin de riz ou de sherry sec

sel

350g / 12oz crevettes décortiquées

huile de friture

Fouettez ensemble la semoule de maïs, le blanc d'œuf, le vin ou le sherry et une pincée de sel pour obtenir une pâte épaisse.

Tremper les crevettes dans la pâte jusqu'à ce qu'elles soient bien panées. Faire chauffer l'huile jusqu'à ce qu'elle soit moyennement chaude et faire frire les crevettes pendant quelques minutes jusqu'à ce qu'elles soient dorées. Retirer de l'huile, chauffer jusqu'à ce qu'ils soient chauds et faire revenir les crevettes jusqu'à ce qu'elles soient croustillantes et dorées.

Tempura de crevettes

pour 4 personnes

450 g / 1 livre de crevettes décortiquées
30 ml / 2 cuillères à soupe de farine ordinaire (tout usage)
30 ml / 2 cuillères à soupe de semoule de maïs (fécule de maïs)
30 ml / 2 cuillères à soupe d'eau
2 oeufs battus
huile de friture

Coupez les crevettes au milieu de la courbe intérieure et étalez-les pour former un papillon. Mélanger la farine, la fécule de maïs et l'eau jusqu'à ce qu'ils forment une pâte, puis ajouter les œufs. Faites chauffer l'huile et faites revenir les crevettes jusqu'à ce qu'elles soient dorées.

Gomme à mâcher

pour 4 personnes

30 ml / 2 cuillères à soupe d'huile d'arachide
2 oignons verts (oignons verts), hachés
1 gousse d'ail écrasée
1 tranche de racine de gingembre, hachée
100 g / 4 oz de poitrine de poulet, coupée en lanières
100 g / 4 oz de jambon coupé en lanières
100 g de pousses de bambou, coupées en lanières
100 g de châtaignes d'eau, coupées en lanières
225g / 8oz crevettes décortiquées
30 ml / 2 cuillères à soupe de sauce soja
30 ml / 2 cuillères à soupe de vin de riz ou de xérès sec
5 ml / 1 cuillère à café de sel
5 ml / 1 cuillère à café de sucre
5 ml / 1 cuillère à café de semoule de maïs (fécule de maïs)

Faire chauffer l'huile et faire revenir les oignons nouveaux, l'ail et le gingembre jusqu'à ce qu'ils soient légèrement dorés. Ajouter le poulet et faire revenir 1 minute. Ajouter le jambon, les pousses de bambou et les châtaignes d'eau et faire revenir 3 minutes. Ajouter les crevettes et faire revenir 1 minute. Ajouter la sauce soja, le vin ou le xérès, le sel et le sucre et cuire 2 minutes.

Mélangez la semoule de maïs avec un peu d'eau, versez-la dans la casserole et faites cuire à feu doux en remuant pendant 2 minutes.

Crevettes au Tofu

pour 4 personnes

45 ml / 3 cuillères à soupe d'huile d'arachide (cacahuètes)
8 oz / 225 g de tofu, coupé en cubes
1 oignon nouveau (oignon vert), haché
1 gousse d'ail écrasée
15 ml / 1 cuillère à soupe de sauce soja
5 ml / 1 cuillère à café de sucre
90 ml / 6 cuillères à soupe de fumet de poisson
225g / 8oz crevettes décortiquées
15 ml / 1 cuillère à soupe de semoule de maïs (fécule de maïs)
45 ml / 3 cuillères à soupe d'eau

Faites chauffer la moitié de l'huile et faites revenir le tofu jusqu'à ce qu'il soit légèrement doré, puis retirez-le de la poêle. Faire chauffer le reste de l'huile et faire revenir les oignons nouveaux et l'ail jusqu'à ce qu'ils soient légèrement dorés. Ajouter la sauce soja, le sucre et le bouillon et porter à ébullition. Ajouter les crevettes et remuer à feu doux pendant 3 minutes. Mélanger la semoule de maïs et l'eau dans une pâte, incorporer dans la casserole et laisser mijoter, en remuant, jusqu'à ce que la sauce épaississe. Remettre le tofu dans la poêle et laisser mijoter jusqu'à ce qu'il soit bien chaud.

Crevettes à la Tomate

pour 4 personnes

2 blancs d'œufs
30 ml / 2 cuillères à soupe de semoule de maïs (fécule de maïs)
5 ml / 1 cuillère à café de sel
450 g / 1 livre de crevettes décortiquées
huile de friture
30 ml / 2 cuillères à soupe de vin de riz ou de xérès sec
8 oz / 225 g de tomates, pelées, épépinées et hachées

Mélanger les blancs d'œufs, la fécule de maïs et le sel. Ajouter les crevettes jusqu'à ce qu'elles soient bien enrobées. Faites chauffer l'huile et faites revenir les crevettes jusqu'à ce qu'elles soient cuites. Versez le tout sauf 15 ml / 1 cuillère à soupe d'huile et remettez sur le feu. Ajouter le vin ou le xérès et les tomates et porter à ébullition. Ajouter les crevettes et réchauffer rapidement avant de servir.

Crevettes à la Sauce Tomate

pour 4 personnes

30 ml / 2 cuillères à soupe d'huile d'arachide
1 gousse d'ail écrasée
2 tranches de racine de gingembre, hachées
2,5 ml / ¬Ω c. à thé de sel
15 ml / 1 cuillère à soupe de vin de riz ou de xérès sec
15 ml / 1 cuillère à soupe de sauce soja
6 ml / 4 cuillères à soupe de sauce tomate (ketchup)
120 ml / 4 fl oz / ¬Ω tasse de fumet de poisson
350g / 12oz crevettes décortiquées
10 ml / 2 cuillères à café de semoule de maïs (fécule de maïs)
30 ml / 2 cuillères à soupe d'eau

Faire chauffer l'huile et faire revenir l'ail, le gingembre et le sel pendant 2 minutes. Ajouter le vin ou le xérès, la sauce soja, la sauce tomate et le bouillon et porter à ébullition. Ajouter les crevettes, couvrir et laisser mijoter 2 minutes. Mélanger la semoule de maïs et l'eau dans une pâte, incorporer dans la casserole et laisser mijoter, en remuant, jusqu'à ce que la sauce s'amincit et épaississe.

Crevettes à la Sauce Tomate et au Chili

pour 4 personnes

60 ml / 4 cuillères à soupe d'huile d'arachide

15 ml / 1 cuillère à soupe de gingembre haché

15 ml / 1 cuillère à soupe d'ail haché

15 ml / 1 cuillère à soupe d'oignon de printemps haché

60 ml / 4 cuillères à soupe de purée de tomates (pâte)

15 ml / 1 cuillère à soupe de sauce chili

450 g / 1 livre de crevettes décortiquées

15 ml / 1 cuillère à soupe de semoule de maïs (fécule de maïs)

15 ml / 1 cuillère à soupe d'eau

Faire chauffer l'huile et faire revenir le gingembre, l'ail et l'oignon nouveau pendant 1 minute. Ajouter la purée de tomates et la sauce chili et bien mélanger. Ajouter les crevettes et faire revenir 2 minutes. Mélangez la semoule de maïs et l'eau jusqu'à obtenir une pâte, remuez-la dans la casserole et laissez mijoter jusqu'à ce que la sauce épaississe. Servir aussitôt.

Gambas sautées à la sauce tomate

pour 4 personnes

50 g / 2 oz / ¬Ω tasse de farine ordinaire (tout usage)

2,5 ml / ¬Ω c. à thé de sel

1 oeuf, légèrement battu

30 ml / 2 cuillères à soupe d'eau

450 g / 1 livre de crevettes décortiquées

huile de friture

30 ml / 2 cuillères à soupe d'huile d'arachide

1 oignon finement haché

2 tranches de racine de gingembre, hachées

75 ml / 5 cuillères à soupe de sauce tomate (ketchup)

10 ml / 2 cuillères à café de semoule de maïs (fécule de maïs)

30 ml / 2 cuillères à soupe d'eau

Fouettez ensemble la farine, le sel, l'œuf et l'eau pour faire une pâte, en ajoutant un peu plus d'eau si nécessaire. Mélanger avec les crevettes jusqu'à ce qu'elles soient bien panées. Faites chauffer l'huile et faites revenir les crevettes quelques minutes jusqu'à ce qu'elles soient croustillantes et dorées. Égoutter sur du papier absorbant.

Pendant ce temps, chauffer l'huile et faire revenir l'oignon et le gingembre jusqu'à ce qu'ils soient tendres. Ajouter la sauce tomate et laisser mijoter 3 minutes. Mélanger la semoule de maïs et l'eau dans une pâte, incorporer dans la casserole et laisser mijoter, en remuant, jusqu'à ce que la sauce épaississe. Ajouter les crevettes dans la poêle et laisser mijoter jusqu'à ce qu'elles soient bien chaudes. Servir aussitôt.

Crevettes aux Légumes

pour 4 personnes
15 ml / 1 cuillère à soupe d'huile d'arachide
225g / 8oz bouquets de brocoli
225g / 8oz de champignons
225 g / 8 oz de pousses de bambou, tranchées
450 g / 1 livre de crevettes décortiquées
120 ml / 4 fl oz / ¬Ω tasse de bouillon de poulet

5 ml / 1 cuillère à café de semoule de maïs (fécule de maïs)
5 ml / 1 cuillère à café de sauce aux huîtres
2,5 ml / ½ cuillère à café de sucre
2,5 ml / ½ c. à thé de racine de gingembre râpée
pincée de poivre fraîchement moulu

Faire chauffer l'huile et faire revenir le brocoli pendant 1 minute. Ajouter les champignons et les pousses de bambou et faire revenir 2 minutes. Ajouter les crevettes et faire revenir 2 minutes. Mélanger le reste des ingrédients et incorporer au mélange de crevettes. Porter à ébullition en remuant, puis laisser mijoter 1 minute en remuant continuellement.

Gambas aux châtaignes d'eau

pour 4 personnes
60 ml / 4 cuillères à soupe d'huile d'arachide
1 gousse d'ail hachée
1 tranche de racine de gingembre, hachée
450 g / 1 livre de crevettes décortiquées

2 cuillères à soupe / 30 ml d'alcool de riz ou de xérès sec 8 oz / 225 g de châtaignes d'eau, tranchées
30 ml / 2 cuillères à soupe de sauce soja
15 ml / 1 cuillère à soupe de semoule de maïs (fécule de maïs)
45 ml / 3 cuillères à soupe d'eau

Faire chauffer l'huile et faire revenir l'ail et le gingembre jusqu'à ce qu'ils soient légèrement dorés. Ajouter les crevettes et faire revenir 1 minute. Ajouter le vin ou le xérès et bien mélanger. Ajouter les châtaignes d'eau et faire revenir 5 minutes. Ajouter le reste des ingrédients et faire revenir 2 minutes.

raviolis aux crevettes

pour 4 personnes
450 g / 1 lb de crevettes décortiquées, hachées
8 oz / 225 g de verdures mélangées, hachées
15 ml / 1 cuillère à soupe de sauce soja
2,5 ml / ¬Ω c. à thé de sel
quelques gouttes d'huile de sésame

40 peaux de wonton
huile de friture

Mélanger les crevettes, les légumes, la sauce soja, le sel et l'huile de sésame.

Pour plier les wontons, tenez la peau dans la paume de votre main gauche et placez un peu de farce au centre. Humidifiez les bords avec de l'œuf et pliez la peau en triangle en scellant les bords. Humidifier les coins avec l'œuf et torsader.

Chauffez l'huile et faites frire les wontons quelques-uns à la fois jusqu'à ce qu'ils soient dorés. Bien égoutter avant de servir.

Ormeau au Poulet

pour 4 personnes

400g / 14oz d'ormeaux en conserve
30 ml / 2 cuillères à soupe d'huile d'arachide
100 g / 4 oz de poitrine de poulet, coupée en dés
100 g de pousses de bambou, tranchées
250 ml / 8 fl oz / 1 tasse de fumet de poisson

15 ml / 1 cuillère à soupe de vin de riz ou de xérès sec
5 ml / 1 cuillère à café de sucre
2,5 ml / ½ c. à thé de sel
15 ml / 1 cuillère à soupe de semoule de maïs (fécule de maïs)
45 ml / 3 cuillères à soupe d'eau

Égoutter et trancher l'ormeau en réservant le jus. Faire chauffer l'huile et faire revenir le poulet jusqu'à ce qu'il soit de couleur claire. Ajouter l'ormeau et les pousses de bambou et faire revenir 1 minute. Ajouter le liquide d'ormeaux, le bouillon, le vin ou le xérès, le sucre et le sel, porter à ébullition et laisser mijoter pendant 2 minutes. Mélanger la semoule de maïs et l'eau dans une pâte et laisser mijoter, en remuant, jusqu'à ce que la sauce s'amincit et épaississe. Servir aussitôt.

Ormeau aux asperges

pour 4 personnes

10 champignons chinois séchés
30 ml / 2 cuillères à soupe d'huile d'arachide

15 ml / 1 cuillère à soupe d'eau

225g / 8oz d'asperges

2,5 ml / ½ c. à thé de sauce de poisson

15 ml / 1 cuillère à soupe de semoule de maïs (fécule de maïs)

8 oz / 225 g d'ormeaux en conserve, tranchés

60 ml / 4 cuillères à soupe de bouillon

½ petite carotte, tranchée

5 ml / 1 cuillère à café de sauce soja

5 ml / 1 cuillère à café de sauce aux huîtres

5 ml / 1 cuillère à café de vin de riz ou de sherry sec

Faire tremper les champignons dans de l'eau tiède pendant 30 minutes, puis les égoutter. Jeter les tiges. Faites chauffer 15 ml / 1 cuillère à soupe d'huile avec l'eau et faites revenir les champignons pendant 10 minutes. Pendant ce temps, faites cuire les asperges dans de l'eau bouillante avec la sauce de poisson et 5 ml/1 cuillère à café de semoule de maïs jusqu'à ce qu'elles soient tendres. Bien égoutter et déposer sur une assiette de service réchauffée avec les champignons. Gardez-les au chaud. Faire chauffer l'huile restante et faire frire l'ormeau pendant quelques secondes, puis ajouter le bouillon, la carotte, la sauce soja, la sauce aux huîtres, le vin ou le sherry et le reste de la fécule de maïs. Cuire environ 5 minutes jusqu'à ce qu'ils soient bien cuits, puis verser sur les asperges et servir.

Ormeau aux Champignons

pour 4 personnes

6 champignons chinois séchés
400g / 14oz d'ormeaux en conserve
45 ml / 3 cuillères à soupe d'huile d'arachide (cacahuètes)
2,5 ml / ¬Ω c. à thé de sel
15 ml / 1 cuillère à soupe de vin de riz ou de xérès sec
3 oignons nouveaux (oignons verts), tranchés épais

Faire tremper les champignons dans de l'eau tiède pendant 30 minutes, puis les égoutter. Jeter les tiges et couper les sommets. Égoutter et trancher l'ormeau en réservant le jus. Faire chauffer l'huile et faire revenir le sel et les champignons pendant 2 minutes. Ajouter le liquide d'ormeau et le sherry, porter à ébullition, couvrir et laisser mijoter 3 minutes. Ajouter l'ormeau et les oignons verts et laisser mijoter jusqu'à ce qu'ils soient bien chauds. Servir aussitôt.

Ormeau à la sauce aux huîtres

pour 4 personnes

400g / 14oz d'ormeaux en conserve
15 ml / 1 cuillère à soupe de semoule de maïs (fécule de maïs)
15 ml / 1 cuillère à soupe de sauce soja
45 ml / 3 cuillères à soupe de sauce aux huîtres
30 ml / 2 cuillères à soupe d'huile d'arachide
50g / 2oz de jambon fumé, haché

Égouttez la boîte d'ormeau et réservez 90 ml / 6 cuillères à soupe du liquide. Mélangez-le avec la semoule de maïs, la sauce soja et la sauce aux huîtres. Faites chauffer l'huile et faites revenir l'ormeau égoutté pendant 1 minute. Ajouter le mélange de sauce et cuire à feu doux, en remuant, pendant environ 1 minute jusqu'à ce que le tout soit bien chaud. Transférer dans un plat de service chaud et servir garni de jambon.

palourdes cuites à la vapeur

pour 4 personnes

24 palourdes

Bien frotter les palourdes, puis les faire tremper dans de l'eau salée pendant quelques heures. Rincer à l'eau courante et placer dans un plat réfractaire peu profond. Placer sur une grille dans un cuiseur vapeur, couvrir et cuire à la vapeur sur de l'eau frémissante pendant environ 10 minutes jusqu'à ce que toutes les palourdes soient ouvertes. Jetez ceux qui restent fermés. Servir avec des sauces.

Palourdes aux germes de soja

pour 4 personnes

24 palourdes
15 ml / 1 cuillère à soupe d'huile d'arachide
150 g / 5 oz de germes de soja
1 poivron vert coupé en lanières
2 oignons verts (oignons verts), hachés

15 ml / 1 cuillère à soupe de vin de riz ou de xérès sec
sel et poivre fraîchement moulu
2,5 ml / ½ c. à thé d'huile de sésame
50g / 2oz de jambon fumé, haché

Bien frotter les palourdes, puis les faire tremper dans de l'eau salée pendant quelques heures. Rincer à l'eau courante. Porter une casserole d'eau à ébullition, ajouter les palourdes et laisser mijoter quelques minutes jusqu'à ce qu'elles s'ouvrent. Égouttez et jetez ceux qui restent fermés. Retirez les palourdes des coquilles.

Faire chauffer l'huile et faire revenir les germes de soja pendant 1 minute. Ajouter le poivron et la ciboulette et faire revenir 2 minutes. Ajouter le vin ou le xérès et assaisonner de sel et de poivre. Chauffer puis ajouter les palourdes et remuer jusqu'à ce qu'elles soient bien mélangées et bien chauffées. Transférer dans un plat de service chaud et servir arrosé d'huile de sésame et de jambon.

Palourdes au gingembre et à l'ail

pour 4 personnes

24 palourdes
15 ml / 1 cuillère à soupe d'huile d'arachide
2 tranches de racine de gingembre, hachées
2 gousses d'ail écrasées
15 ml / 1 cuillère à soupe d'eau
5 ml / 1 cuillère à café d'huile de sésame
sel et poivre fraîchement moulu

Bien frotter les palourdes, puis les faire tremper dans de l'eau salée pendant quelques heures. Rincer à l'eau courante. Faire chauffer l'huile et faire revenir le gingembre et l'ail pendant 30 secondes. Ajouter les palourdes, l'eau et l'huile de sésame, couvrir et cuire environ 5 minutes jusqu'à ce que les palourdes s'ouvrent. Jetez ceux qui restent fermés. Assaisonnez légèrement de sel et de poivre et servez immédiatement.

Palourdes sautées

pour 4 personnes

24 palourdes

60 ml / 4 cuillères à soupe d'huile d'arachide

4 gousses d'ail, hachées

1 oignon haché

2,5 ml / ¬Ω c. à thé de sel

Bien frotter les palourdes, puis les faire tremper dans de l'eau salée pendant quelques heures. Rincer sous l'eau courante puis sécher. Faire chauffer l'huile et faire revenir l'ail, l'oignon et le sel jusqu'à ce qu'ils soient tendres. Ajouter les palourdes, couvrir et cuire à feu doux environ 5 minutes jusqu'à ce que toutes les coquilles soient ouvertes. Jetez ceux qui restent fermés. Faire revenir doucement 1 minute de plus en arrosant d'huile.

beignets de crabe

pour 4 personnes

225 g / 8 oz de germes de soja

4 cuillères à soupe / 60 ml d'huile d'arachide 4 oz / 100 g de pousses de bambou, coupées en lanières

1 oignon haché

8 oz / 225 g de chair de crabe, émiettée

4 oeufs, légèrement battus

15 ml / 1 cuillère à soupe de semoule de maïs (fécule de maïs)

30 ml / 2 cuillères à soupe de sauce soja

sel et poivre fraîchement moulu

Blanchir les germes de soja dans de l'eau bouillante pendant 4 minutes, puis égoutter. Faites chauffer la moitié de l'huile et faites revenir les germes de soja, les pousses de bambou et l'oignon jusqu'à ce qu'ils soient tendres. Retirer du feu et mélanger avec le reste des ingrédients, sauf l'huile. Chauffez le reste de l'huile dans une poêle propre et faites frire des cuillères à soupe du mélange de chair de crabe pour faire de petits gâteaux. Frire jusqu'à ce qu'ils soient légèrement dorés des deux côtés, puis servir en une seule fois.

crème de crabe

pour 4 personnes

225g / 8oz chair de crabe

5 oeufs battus

1 oignon de printemps (échalote) haché finement

250 ml / 8 fl oz / 1 tasse d'eau

5 ml / 1 cuillère à café de sel

5 ml / 1 cuillère à café d'huile de sésame

Bien mélanger tous les ingrédients. Placer dans un bol, couvrir et placer au-dessus d'un bain-marie au-dessus d'eau chaude ou sur une grille à vapeur. Cuire à la vapeur environ 35 minutes jusqu'à l'obtention d'une consistance de crème pâtissière en remuant de temps en temps. Servir avec du riz.

Chair de crabe feuille de Chine

pour 4 personnes

450 g / 1 lb de feuilles de porcelaine, râpées
45 ml / 3 cuillères à soupe d'huile végétale
2 oignons verts (oignons verts), hachés
225g / 8oz chair de crabe
15 ml / 1 cuillère à soupe de sauce soja
15 ml / 1 cuillère à soupe de vin de riz ou de xérès sec
5 ml / 1 cuillère à café de sel

Blanchir les feuilles chinoises à l'eau bouillante pendant 2 minutes, puis bien égoutter et rincer à l'eau froide. Faire chauffer l'huile et faire revenir les oignons nouveaux jusqu'à ce qu'ils soient légèrement dorés. Ajouter la chair de crabe et faire revenir 2 minutes. Ajouter les feuilles chinoises et faire revenir pendant 4 minutes. Ajouter la sauce soja, le vin ou le xérès, le sel et bien mélanger. Ajouter le bouillon et la semoule de maïs, porter à ébullition et laisser mijoter, en remuant, pendant 2 minutes jusqu'à ce que la sauce s'amincisse et épaississe.

Crabe Foo Yung aux germes de soja

pour 4 personnes

6 oeufs battus

45 ml / 3 cuillères à soupe de semoule de maïs (fécule de maïs)

225g / 8oz chair de crabe

100g / 4oz de germes de soja

2 oignons verts (oignons verts), hachés finement

2,5 ml / ¬Ω c. à thé de sel

45 ml / 3 cuillères à soupe d'huile d'arachide (cacahuètes)

Battre les œufs puis ajouter la semoule de maïs. Mélanger le reste des ingrédients sauf l'huile. Faire chauffer l'huile et verser petit à petit le mélange dans la poêle pour faire des petites crêpes d'environ 7,5 cm de large. Frire jusqu'à ce qu'il soit doré sur le fond, puis retourner et dorer de l'autre côté.

Crabe au gingembre

pour 4 personnes

15 ml / 1 cuillère à soupe d'huile d'arachide
2 tranches de racine de gingembre, hachées
4 oignons verts (oignons verts), hachés
3 gousses d'ail, écrasées
1 piment rouge haché
350 g / 12 oz de chair de crabe, émiettée
2,5 ml / ¬Ω cc de pâte de poisson
2,5 ml / ¬Ω c. à thé d'huile de sésame
15 ml / 1 cuillère à soupe de vin de riz ou de xérès sec
5 ml / 1 cuillère à café de semoule de maïs (fécule de maïs)
15 ml / 1 cuillère à soupe d'eau

Faire chauffer l'huile et faire revenir le gingembre, les oignons nouveaux, l'ail et le piment pendant 2 minutes. Ajouter la chair de crabe et remuer jusqu'à ce qu'elle soit bien enrobée d'épices. Ajouter la pâte de poisson. Mélangez le reste des ingrédients jusqu'à obtenir une pâte, puis remuez-les dans la casserole et faites sauter pendant 1 minute. Servir aussitôt.

Crabe Lo Mein

pour 4 personnes

100g / 4oz de germes de soja

30 ml / 2 cuillères à soupe d'huile d'arachide

5 ml / 1 cuillère à café de sel

1 oignon tranché

100 g / 4 oz de champignons, tranchés

8 oz / 225 g de chair de crabe, émiettée

100 g de pousses de bambou, tranchées

Nouilles Rôties

30 ml / 2 cuillères à soupe de sauce soja

5 ml / 1 cuillère à café de sucre

5 ml / 1 cuillère à café d'huile de sésame

sel et poivre fraîchement moulu

Blanchir les germes de soja dans de l'eau bouillante pendant 5 minutes, puis les égoutter. Faire chauffer l'huile et faire revenir le sel et l'oignon jusqu'à ce qu'ils soient ramollis. Ajouter les champignons et faire revenir jusqu'à ce qu'ils soient tendres. Ajouter la chair de crabe et faire revenir 2 minutes. Ajouter les germes de soja et les pousses de bambou et faire revenir 1 minute. Ajouter les nouilles égouttées dans la poêle et remuer doucement. Mélanger la sauce soja, le sucre et l'huile de sésame et assaisonner de sel et de poivre. Incorporer dans la poêle jusqu'à ce que le tout soit bien chaud.

Crabe sauté au porc

pour 4 personnes

30 ml / 2 cuillères à soupe d'huile d'arachide

100g / 4oz porc haché (haché)

350 g / 12 oz de chair de crabe, émiettée

2 tranches de racine de gingembre, hachées

2 oeufs, légèrement battus

15 ml / 1 cuillère à soupe de sauce soja

15 ml / 1 cuillère à soupe de vin de riz ou de xérès sec

30 ml / 2 cuillères à soupe d'eau

sel et poivre fraîchement moulu

4 oignons nouveaux (oignons verts), coupés en lanières

Faire chauffer l'huile et faire frire le porc jusqu'à ce qu'il soit de couleur claire. Ajouter la chair de crabe et le gingembre et faire revenir 1 minute. Ajouter les oeufs. Ajouter la sauce soja, le vin ou le xérès, l'eau, le sel et le poivre et laisser mijoter environ 4 minutes en remuant. Servir garni de ciboulette.

Chair de crabe sautée

pour 4 personnes

30 ml / 2 cuillères à soupe d'huile d'arachide
1 lb / 450 g de chair de crabe, émiettée
2 oignons verts (oignons verts), hachés
2 tranches de racine de gingembre, hachées
30 ml / 2 cuillères à soupe de sauce soja
30 ml / 2 cuillères à soupe de vin de riz ou de xérès sec
2,5 ml / ¬Ω c. à thé de sel
15 ml / 1 cuillère à soupe de semoule de maïs (fécule de maïs)
60 ml / 4 cuillères à soupe d'eau

Faire chauffer l'huile et faire revenir la chair de crabe, les oignons nouveaux et le gingembre pendant 1 minute. Ajouter la sauce soja, le vin ou le sherry et le sel, couvrir et laisser mijoter pendant 3 minutes. Mélanger la semoule de maïs et l'eau dans une pâte, incorporer dans la casserole et laisser mijoter, en remuant, jusqu'à ce que la sauce s'amincit et épaississe.

boulettes de seiche frites

pour 4 personnes

450 g / 1 livre de seiche

50 g / 2 oz de saindoux, pilé

1 blanc d'oeuf

2,5 ml / ¬Ω cuillère à café de sucre

2,5 ml / ¬Ω c. à thé de fécule de maïs (fécule de maïs)

sel et poivre fraîchement moulu

huile de friture

Couper la seiche et l'écraser ou en faire une bouillie. Mélanger avec le saindoux, le blanc d'œuf, le sucre et la fécule de maïs et assaisonner de sel et de poivre. Presser le mélange en petites boules. Faire chauffer l'huile et faire frire les boulettes de seiche, par lots si nécessaire, jusqu'à ce qu'elles flottent à la surface de l'huile et soient bien dorées. Bien égoutter et servir aussitôt.

homard cantonais

pour 4 personnes

2 homards

30 ml / 2 cuillères à soupe d'huile

15 ml / 1 cuillère à soupe de sauce aux haricots noirs

1 gousse d'ail écrasée

1 oignon haché

225g / 8oz porc haché (haché)

45 ml / 3 cuillères à soupe de sauce soja

5 ml / 1 cuillère à café de sucre

sel et poivre fraîchement moulu

15 ml / 1 cuillère à soupe de semoule de maïs (fécule de maïs)

75 ml / 5 cuillères à soupe d'eau

1 œuf battu

Cassez les homards, retirez la chair et coupez-la en cubes de 2,5 cm. Faire chauffer l'huile et faire revenir la sauce aux haricots noirs, l'ail et l'oignon jusqu'à ce qu'ils soient légèrement dorés. Ajouter le porc et faire revenir jusqu'à ce qu'il soit doré. Ajouter la sauce soja, le sucre, le sel, le poivre et le homard, couvrir et laisser mijoter environ 10 minutes. Mélanger la semoule de maïs et l'eau dans une pâte, incorporer dans la casserole et laisser mijoter, en remuant, jusqu'à ce que la sauce s'amincit et épaississe. Éteignez le feu et ajoutez l'œuf avant de servir.

homard frit

pour 4 personnes

450 g / 1 lb de chair de homard
30 ml / 2 cuillères à soupe de sauce soja
5 ml / 1 cuillère à café de sucre
1 œuf battu
30 ml / 3 cuillères à soupe de farine ordinaire (tout usage)
huile de friture

Couper la chair de homard en cubes de 2,5 cm / 1 et mélanger avec la sauce soja et le sucre. Laisser reposer 15 minutes puis égoutter. Battre l'œuf et la farine, puis ajouter le homard et bien mélanger pour bien enrober. Faire chauffer l'huile et faire frire le homard jusqu'à ce qu'il soit doré. Égoutter sur du papier absorbant avant de servir.

Homard vapeur au jambon

pour 4 personnes

4 oeufs, légèrement battus
60 ml / 4 cuillères à soupe d'eau
5 ml / 1 cuillère à café de sel
15 ml / 1 cuillère à soupe de sauce soja
450 g / 1 lb de chair de homard, émiettée
15 ml / 1 cuillère à soupe de jambon fumé haché
15 ml / 1 cuillère à soupe de persil frais haché

Battre les œufs avec l'eau, le sel et la sauce soja. Verser dans un récipient réfractaire et parsemer de chair de homard. Placez le bol sur une grille dans un cuiseur vapeur, couvrez et faites cuire à la vapeur pendant 20 minutes jusqu'à ce que les œufs soient pris. Servir garni de jambon et de persil.

Homard aux Champignons

pour 4 personnes

450 g / 1 lb de chair de homard

15 ml / 1 cuillère à soupe de semoule de maïs (fécule de maïs)

60 ml / 4 cuillères à soupe d'eau

30 ml / 2 cuillères à soupe d'huile d'arachide

4 oignons nouveaux (oignons verts), tranchés épais

100 g / 4 oz de champignons, tranchés

2,5 ml / ½ c. à thé de sel

1 gousse d'ail écrasée

30 ml / 2 cuillères à soupe de sauce soja

15 ml / 1 cuillère à soupe de vin de riz ou de xérès sec

Couper la chair de homard en cubes de 2,5 cm. Mélanger la semoule de maïs et l'eau jusqu'à l'obtention d'une pâte et mélanger les cubes de homard dans le mélange pour les enrober. Faites chauffer la moitié de l'huile et faites revenir les cubes de homard jusqu'à ce qu'ils soient légèrement dorés, retirez-les de la poêle. Faire chauffer le reste de l'huile et faire revenir les oignons nouveaux jusqu'à ce qu'ils soient légèrement dorés. Ajouter les champignons et faire revenir 3 minutes. Ajouter le sel, l'ail, la sauce soja et le vin ou le xérès et cuire 2 minutes. Remettre le homard dans la poêle et faire sauter jusqu'à ce qu'il soit bien chaud.

Queues de Homard au Porc

pour 4 personnes

3 champignons chinois séchés
4 queues de homard
60 ml / 4 cuillères à soupe d'huile d'arachide
100g / 4oz porc haché (haché)
50 g de châtaignes d'eau finement hachées
sel et poivre fraîchement moulu
2 gousses d'ail écrasées
45 ml / 3 cuillères à soupe de sauce soja
30 ml / 2 cuillères à soupe de vin de riz ou de xérès sec
30 ml / 2 cuillères à soupe de sauce aux haricots noirs
10 ml / 2 cuillères à soupe de semoule de maïs (fécule de maïs)
120 ml / 4 fl oz / ¬Ω tasse d'eau

Faire tremper les champignons dans de l'eau tiède pendant 30 minutes, puis les égoutter. Jeter les tiges et hacher les sommets. Couper les queues de homard en deux dans le sens de la longueur. Retirer la chair des queues de homard en réservant les carapaces. Faire chauffer la moitié de l'huile et faire frire le porc jusqu'à ce qu'il devienne clair. Retirer du feu et mélanger les champignons, la chair de homard, les châtaignes d'eau, le sel et le poivre. Remettre la viande dans les carapaces de homard et déposer sur une plaque à pâtisserie. Placer sur une grille dans un cuiseur vapeur, couvrir et cuire à la vapeur pendant environ 20 minutes jusqu'à ce qu'ils soient cuits. Pendant ce temps, chauffer le reste de l'huile et faire sauter l'ail, la sauce soja, le vin ou le xérès et la sauce aux haricots noirs pendant 2 minutes. Mélanger la semoule de maïs et l'eau jusqu'à obtenir une pâte, incorporer dans la poêle et laisser mijoter, en remuant, jusqu'à ce que la sauce épaississe. Disposer le homard sur un plat de service chaud, napper de sauce et servir aussitôt.

Homard sauté

pour 4 personnes

450 g / 1 lb de queues de homard

30 ml / 2 cuillères à soupe d'huile d'arachide

1 gousse d'ail écrasée

2,5 ml / ¬Ω c. à thé de sel

350g / 12oz de germes de soja

50g / 2oz de champignons
4 oignons nouveaux (oignons verts), tranchés épais
150 ml / ¬° pt / généreuse ¬Ω tasse de bouillon de poulet
15 ml / 1 cuillère à soupe de semoule de maïs (fécule de maïs)

Porter une casserole d'eau à ébullition, ajouter les queues de homard et faire bouillir 1 minute. Égoutter, laisser refroidir, peler et couper en tranches épaisses. Faire chauffer l'huile avec l'ail et le sel et faire revenir jusqu'à ce que l'ail soit légèrement doré. Ajouter le homard et faire revenir 1 minute. Ajouter les germes de soja et les champignons et faire revenir 1 minute. Ajouter la ciboulette. Ajouter la majeure partie du bouillon, porter à ébullition, couvrir et laisser mijoter 3 minutes. Mélanger la semoule de maïs avec le bouillon restant, incorporer dans la poêle et laisser mijoter, en remuant, jusqu'à ce que la sauce s'amincisse et épaississe.

nids de homard

pour 4 personnes
30 ml / 2 cuillères à soupe d'huile d'arachide
5 ml / 1 cuillère à café de sel
1 oignon, tranché finement

100 g / 4 oz de champignons, tranchés
4 oz / 100 g de pousses de bambou, tranchées 8 oz / 225 g de chair de homard cuite
15 ml / 1 cuillère à soupe de vin de riz ou de xérès sec
120 ml / 4 fl oz / ¬Ω tasse de bouillon de poulet
pincée de poivre fraîchement moulu
10 ml / 2 cuillères à café de semoule de maïs (fécule de maïs)
15 ml / 1 cuillère à soupe d'eau
4 paniers de nouilles

Faire chauffer l'huile et faire revenir le sel et l'oignon jusqu'à ce qu'ils soient ramollis. Ajouter les champignons et les pousses de bambou et faire revenir 2 minutes. Ajouter la chair de homard, le vin ou le xérès et le bouillon, porter à ébullition, couvrir et laisser mijoter 2 minutes. Assaisonner de poivre. Mélanger la semoule de maïs et l'eau dans une pâte, incorporer dans la casserole et laisser mijoter, en remuant, jusqu'à ce que la sauce épaississe. Disposer les nids de nouilles sur une assiette de service chaude et garnir avec le sauté de homard.

Moules à la sauce aux haricots noirs

pour 4 personnes
45 ml / 3 cuillères à soupe d'huile d'arachide (cacahuètes)
2 gousses d'ail écrasées

2 tranches de racine de gingembre, hachées
30 ml / 2 cuillères à soupe de sauce aux haricots noirs
15 ml / 1 cuillère à soupe de sauce soja
1,5 kg / 3 lb de moules, lavées et barbues
2 oignons verts (oignons verts), hachés

Faire chauffer l'huile et faire revenir l'ail et le gingembre pendant 30 secondes. Ajouter la sauce aux haricots noirs et la sauce soja et faire revenir pendant 10 secondes. Ajouter les moules, couvrir et cuire environ 6 minutes jusqu'à ce que les moules soient ouvertes. Jetez ceux qui restent fermés. Transférer dans un plat de service chaud et servir saupoudré de ciboulette.

Moules au gingembre

pour 4 personnes

45 ml / 3 cuillères à soupe d'huile d'arachide (cacahuètes)

2 gousses d'ail écrasées

4 tranches de racine de gingembre, hachées

1,5 kg / 3 lb de moules, lavées et barbues

45 ml / 3 cuillères à soupe d'eau

15 ml / 1 cuillère à soupe de sauce aux huîtres

Faire chauffer l'huile et faire revenir l'ail et le gingembre pendant 30 secondes. Ajouter les moules et l'eau, couvrir et cuire environ 6 minutes jusqu'à ce que les moules soient ouvertes. Jetez ceux qui restent fermés. Transférer dans une assiette de service chaude et servir arrosé de sauce aux huîtres.

Moules à la vapeur

pour 4 personnes

1,5 kg / 3 lb de moules, lavées et barbues
45 ml / 3 cuillères à soupe de sauce soja
3 oignons nouveaux (oignons verts), hachés finement

Placer les moules sur une grille dans un cuiseur vapeur, couvrir et cuire à la vapeur d'eau bouillante pendant environ 10 minutes jusqu'à ce que toutes les moules soient ouvertes. Jetez ceux qui restent fermés. Transférer dans une assiette de service chaude et servir arrosé de sauce soja et d'oignons verts.

huîtres frites

pour 4 personnes

24 huîtres décortiquées

sel et poivre fraîchement moulu

1 œuf battu

50 g / 2 oz / ¬Ω tasse de farine ordinaire (tout usage)

250 ml / 8 fl oz / 1 tasse d'eau

huile de friture

4 oignons verts (oignons verts), hachés

Saupoudrez les huîtres de sel et de poivre. Battre l'œuf avec la farine et l'eau pour former une pâte et l'utiliser pour recouvrir les huîtres. Faites chauffer l'huile et faites frire les huîtres jusqu'à ce qu'elles soient dorées. Égoutter sur du papier absorbant et servir garni de ciboulette.

huîtres au bacon

pour 4 personnes

175g / 6oz de bacon

24 huîtres décortiquées

1 oeuf, légèrement battu

15 ml / 1 cuillère à soupe d'eau

45 ml / 3 cuillères à soupe d'huile d'arachide (cacahuètes)

2 oignons hachés

15 ml / 1 cuillère à soupe de semoule de maïs (fécule de maïs)

15 ml / 1 cuillère à soupe de sauce soja

90 ml / 6 cuillères à soupe de bouillon de poulet

Couper le bacon en morceaux et enrouler un morceau autour de chaque huître. Battre l'œuf avec l'eau puis le tremper dans les huîtres pour l'enrober. Faire chauffer la moitié de l'huile et faire frire les huîtres jusqu'à ce qu'elles soient légèrement dorées des deux côtés, puis les retirer de la poêle et égoutter la graisse. Faire chauffer le reste de l'huile et faire revenir les oignons jusqu'à ce qu'ils soient tendres. Mélanger la semoule de maïs, la sauce soja et le bouillon en une pâte, verser dans la casserole et laisser mijoter, en remuant, jusqu'à ce que la sauce s'amincisse et épaississe. Verser sur les huîtres et servir aussitôt.

Huîtres frites au gingembre

pour 4 personnes

24 huîtres décortiquées
2 tranches de racine de gingembre, hachées
30 ml / 2 cuillères à soupe de sauce soja
15 ml / 1 cuillère à soupe de vin de riz ou de xérès sec
4 oignons nouveaux (oignons verts), coupés en lanières
100g de bacon
1 oeuf
50 g / 2 oz / ¬Ω tasse de farine ordinaire (tout usage)
sel et poivre fraîchement moulu
huile de friture
1 citron coupé en quartiers

Placer les huîtres dans un bol avec le gingembre, la sauce soja et le vin ou le xérès et mélanger pour bien enrober. Laisser reposer 30 minutes. Déposer quelques lamelles de ciboulette sur chaque huître. Couper le bacon en morceaux et enrouler un morceau autour de chaque huître. Battre l'œuf et la farine pour former une pâte et assaisonner de sel et de poivre. Tremper les huîtres dans la pâte jusqu'à ce qu'elles soient bien enrobées. Faites chauffer l'huile et faites frire les huîtres jusqu'à ce qu'elles soient dorées. Servir garni de quartiers de citron.

Huîtres sauce aux haricots noirs

pour 4 personnes

350g / 12oz d'huîtres décortiquées
120 ml / 4 fl oz / ¬Ω tasse d'huile d'arachide
2 gousses d'ail écrasées
3 oignons nouveaux (oignons verts), tranchés
15 ml / 1 cuillère à soupe de sauce aux haricots noirs
30 ml / 2 cuillères à soupe de sauce soja noire
15 ml / 1 cuillère à soupe d'huile de sésame
pincée de piment en poudre

Blanchir les huîtres à l'eau bouillante pendant 30 secondes, puis les égoutter. Faire chauffer l'huile et faire revenir l'ail et les oignons nouveaux pendant 30 secondes. Ajouter la sauce aux haricots noirs, la sauce soja, l'huile de sésame et les huîtres et assaisonner au goût avec de la poudre de chili. Faire sauter jusqu'à ce qu'il soit chaud et servir immédiatement.

Saint-Jacques aux pousses de bambou

pour 4 personnes

60 ml / 4 cuillères à soupe d'huile d'arachide
6 oignons nouveaux (oignons verts), hachés
225 g / 8 oz de champignons, coupés en quartiers
15 ml / 1 cuillère à soupe de sucre
450 g / 1 livre de pétoncles décortiqués
2 tranches de racine de gingembre, hachées
225 g / 8 oz de pousses de bambou, tranchées
sel et poivre fraîchement moulu
300 ml / ¬Ω pt / 1 ¬° tasses d'eau
30 ml / 2 cuillères à soupe de vinaigre de vin
30 ml / 2 cuillères à soupe de semoule de maïs (fécule de maïs)
150 ml / ¬° pt / généreux ¬Ω tasse d'eau
45 ml / 3 cuillères à soupe de sauce soja

Faites chauffer l'huile et faites revenir les oignons nouveaux et les champignons pendant 2 minutes. Ajouter le sucre, les pétoncles, le gingembre, les pousses de bambou, le sel et le poivre, couvrir et cuire 5 minutes. Ajouter l'eau et le vinaigre de vin, porter à ébullition, couvrir et laisser mijoter 5 minutes. Mélanger la semoule de maïs et l'eau dans une pâte, incorporer dans la casserole et laisser mijoter, en remuant, jusqu'à ce que la sauce épaississe. Assaisonner de sauce soja et servir.

Pétoncles à l'Oeuf

pour 4 personnes

45 ml / 3 cuillères à soupe d'huile d'arachide (cacahuètes)
350g / 12oz de pétoncles décortiqués
25g / 1oz de jambon fumé, haché
30 ml / 2 cuillères à soupe de vin de riz ou de xérès sec
5 ml / 1 cuillère à café de sucre
2,5 ml / ¬Ω c. à thé de sel
pincée de poivre fraîchement moulu
2 oeufs, légèrement battus
15 ml / 1 cuillère à soupe de sauce soja

Faites chauffer l'huile et faites revenir les pétoncles pendant 30 secondes. Ajouter le jambon et faire revenir 1 minute. Ajouter le vin ou le xérès, le sucre, le sel et le poivre et cuire 1 minute. Ajouter les œufs et remuer doucement à feu vif jusqu'à ce que les ingrédients soient bien enrobés d'œuf. Servir arrosé de sauce soja.

Pétoncles au Brocoli

pour 4 personnes

12 oz / 350 g de pétoncles, tranchés

3 tranches de racine de gingembre, hachées

½ petite carotte, tranchée

1 gousse d'ail écrasée

45 ml / 3 cuillères à soupe de farine ordinaire (tout usage)

2,5 ml / ½ c. à thé de bicarbonate de soude (bicarbonate de sodium)

30 ml / 2 cuillères à soupe d'huile d'arachide

15 ml / 1 cuillère à soupe d'eau

1 banane tranchée

huile de friture

275g / 10oz de brocoli

sel

5 ml / 1 cuillère à café d'huile de sésame

2,5 ml / ½ c. à thé de sauce chili

2,5 ml / ½ c. à thé de vinaigre de vin

2,5 ml / ½ c. à thé de purée de tomates (pâte)

Mélanger les pétoncles avec le gingembre, la carotte et l'ail et laisser reposer. Mélanger la farine, le bicarbonate de soude, 15 ml / 1 cuillère à soupe d'huile et d'eau dans une pâte et utiliser pour enrober les tranches de banane. Chauffez l'huile et faites frire le plantain jusqu'à ce qu'il soit doré, puis égouttez-le et disposez-le autour d'une assiette de service chaude. Pendant ce temps, faites cuire le brocoli dans de l'eau bouillante salée jusqu'à ce qu'il soit tendre, puis égouttez-le. Faites chauffer le reste d'huile avec l'huile de sésame et faites revenir brièvement le brocoli, puis disposez-le autour de l'assiette avec les bananes. Ajouter la sauce chili, le vinaigre de vin et la purée de tomates dans la poêle et faire revenir les pétoncles jusqu'à ce qu'ils soient cuits. Versez dans un plat de service et servez immédiatement.

Noix de Saint Jacques au Gingembre

pour 4 personnes

45 ml / 3 cuillères à soupe d'huile d'arachide (cacahuètes)
2,5 ml / ½ c. à thé de sel
3 tranches de racine de gingembre, hachées
2 oignons nouveaux (oignons verts), tranchés épais
450 g / 1 lb de pétoncles décortiqués, coupés en deux
15 ml / 1 cuillère à soupe de semoule de maïs (fécule de maïs)
60 ml / 4 cuillères à soupe d'eau

Faire chauffer l'huile et faire revenir le sel et le gingembre pendant 30 secondes. Ajouter la ciboulette et faire sauter jusqu'à ce qu'elle soit légèrement dorée. Ajouter les pétoncles et faire revenir 3 minutes. Mélanger la semoule de maïs et l'eau dans une pâte, ajouter à la poêle et laisser mijoter, en remuant, jusqu'à épaississement. Servir aussitôt.

Pétoncles au Jambon

pour 4 personnes

450 g / 1 lb de pétoncles décortiqués, coupés en deux
250 ml / 8 fl oz / 1 tasse de vin de riz ou de xérès sec
1 oignon finement haché
2 tranches de racine de gingembre, hachées
2,5 ml / ½ c. à thé de sel
100g / 4oz jambon fumé, haché

Placer les pétoncles dans un bol et ajouter le vin ou le xérès. Couvrir et laisser mariner 30 minutes en les retournant de temps en temps, puis égoutter les pétoncles et jeter la marinade. Déposer les pétoncles dans un plat réfractaire avec le reste des ingrédients. Placer le plat sur une grille dans un cuit-vapeur, couvrir et cuire à la vapeur d'eau bouillante environ 6 minutes jusqu'à ce que les pétoncles soient tendres.

Noix de Saint-Jacques brouillées aux herbes

pour 4 personnes

225g / 8oz de pétoncles décortiqués

30 ml / 2 cuillères à soupe de coriandre fraîche hachée

4 œufs battus

15 ml / 1 cuillère à soupe de vin de riz ou de xérès sec

sel et poivre fraîchement moulu

15 ml / 1 cuillère à soupe d'huile d'arachide

Placer les pétoncles dans un cuiseur vapeur et cuire à la vapeur pendant environ 3 minutes jusqu'à ce qu'ils soient cuits, selon la taille. Retirer du cuit-vapeur et saupoudrer de coriandre. Battre les œufs avec le vin ou le xérès et assaisonner au goût avec du sel et du poivre. Ajouter les pétoncles et la coriandre. Faire chauffer l'huile et faire revenir le mélange pétoncles-œufs en remuant constamment jusqu'à ce que les œufs soient pris. Sers immédiatement.

Pétoncle et oignon sautés

pour 4 personnes

45 ml / 3 cuillères à soupe d'huile d'arachide (cacahuètes)
1 oignon tranché
450 g / 1 lb de pétoncles décortiqués, coupés en quatre
sel et poivre fraîchement moulu
15 ml / 1 cuillère à soupe de vin de riz ou de xérès sec

Faire chauffer l'huile et faire revenir l'oignon jusqu'à ce qu'il soit ramolli. Ajouter les pétoncles et les faire frire jusqu'à ce qu'ils soient légèrement dorés. Assaisonner de sel et de poivre, arroser de vin ou de xérès et servir immédiatement.

Pétoncles aux Légumes

pour 4'6

4 champignons chinois séchés

2 oignons

30 ml / 2 cuillères à soupe d'huile d'arachide

3 branches de céleri, coupées en diagonale

8 oz / 225 g de haricots verts, coupés en diagonale

10 ml / 2 cuillères à café de racine de gingembre râpée

1 gousse d'ail écrasée

20 ml / 4 cuillères à café de semoule de maïs (fécule de maïs)

250 ml / 8 fl oz / 1 tasse de bouillon de poulet

30 ml / 2 cuillères à soupe de vin de riz ou de xérès sec

30 ml / 2 cuillères à soupe de sauce soja

450 g / 1 lb de pétoncles décortiqués, coupés en quatre

6 oignons nouveaux (oignons verts), tranchés

425 g / 15 oz de maïs en conserve en épi

Faire tremper les champignons dans de l'eau tiède pendant 30 minutes, puis les égoutter. Jeter les tiges et couper les sommets. Couper les oignons en quartiers et séparer les couches. Faire chauffer l'huile et faire revenir les oignons, le céleri, les haricots, le gingembre et l'ail pendant 3 minutes. Mélanger la semoule de maïs avec un peu de bouillon, puis mélanger avec le reste du bouillon, le vin ou le xérès et la sauce soja. Ajouter au wok et porter à ébullition en remuant. Ajouter les champignons, les pétoncles, les oignons verts et le maïs et faire revenir environ 5 minutes jusqu'à ce que les pétoncles soient tendres.

Saint-Jacques aux Poivrons

pour 4 personnes

30 ml / 2 cuillères à soupe d'huile d'arachide

3 oignons verts (oignons verts), hachés

1 gousse d'ail écrasée

2 tranches de racine de gingembre, hachées

2 poivrons rouges coupés en cubes

450 g / 1 livre de pétoncles décortiqués

30 ml / 2 cuillères à soupe de vin de riz ou de xérès sec

15 ml / 1 cuillère à soupe de sauce soja

15 ml / 1 cuillère à soupe de sauce aux haricots jaunes

5 ml / 1 cuillère à café de sucre

5 ml / 1 cuillère à café d'huile de sésame

Faire chauffer l'huile et faire revenir les oignons nouveaux, l'ail et le gingembre pendant 30 secondes. Ajouter les poivrons et faire revenir 1 minute. Ajouter les pétoncles et faire sauter pendant 30 secondes, puis ajouter le reste des ingrédients et cuire environ 3 minutes jusqu'à ce que les pétoncles soient tendres.

Calamars aux germes de soja

pour 4 personnes

450 g / 1 livre de calamars

30 ml / 2 cuillères à soupe d'huile d'arachide

15 ml / 1 cuillère à soupe de vin de riz ou de xérès sec

100g / 4oz de germes de soja

15 ml / 1 cuillère à soupe de sauce soja

sel

1 piment rouge, râpé

2 tranches de racine de gingembre, râpées

2 oignons verts (oignons verts), râpés

Retirez la tête, les tripes et la membrane du calmar et coupez-le en gros morceaux. Découpez un motif entrecroisé sur chaque pièce. Porter une casserole d'eau à ébullition, ajouter les calamars et cuire à feu doux jusqu'à ce que les morceaux s'enroulent, les retirer et les égoutter. Faire chauffer la moitié de l'huile et faire revenir rapidement les calamars. Arroser de vin ou de xérès. Pendant ce temps, chauffer le reste de l'huile et faire revenir les germes de soja jusqu'à ce qu'ils soient tendres. Assaisonner de sauce soja et de sel. Disposer le piment, le gingembre et les oignons verts autour d'une assiette de service. Empilez les germes de soja au centre et recouvrez de calamars. Servir aussitôt.

Calamar frit

pour 4 personnes

50g / 2oz de farine ordinaire (tout usage)

25 g / 1 oz / ¬° tasse fécule de maïs (fécule de maïs)

2,5 ml / ¬Ω cuillère à café de levure chimique

2,5 ml / ¬Ω c. à thé de sel

1 oeuf

75 ml / 5 cuillères à soupe d'eau

15 ml / 1 cuillère à soupe d'huile d'arachide

450 g / 1 lb calamars, coupés en rondelles

huile de friture

Fouetter ensemble la farine, la fécule de maïs, la levure chimique, le sel, l'œuf, l'eau et l'huile pour former une pâte. Tremper les calamars dans la pâte jusqu'à ce qu'ils soient bien enrobés. Faire chauffer l'huile et faire frire les calamars quelques morceaux à la fois jusqu'à ce qu'ils soient dorés. Égoutter sur du papier absorbant avant de servir.

paquets de calmars

pour 4 personnes

8 champignons chinois séchés
450 g / 1 livre de calamars
100g / 4oz de jambon fumé
100 g de tofu
1 œuf battu
15 ml / 1 cuillère à soupe de farine ordinaire (tout usage)
2,5 ml / ¬Ω cuillère à café de sucre
2,5 ml / ¬Ω c. à thé d'huile de sésame
sel et poivre fraîchement moulu
8 peaux de wonton
huile de friture

Faire tremper les champignons dans de l'eau tiède pendant 30 minutes, puis les égoutter. Jeter les tiges. Parez les calamars et coupez-les en 8 morceaux. Couper le jambon et le tofu en 8 morceaux. Mettez-les tous dans un bol. Mélanger l'œuf avec la farine, le sucre, l'huile de sésame, le sel et le poivre. Verser les ingrédients dans le bol et mélanger délicatement. Placez un chapeau de champignon et un morceau de calmar, de jambon et de tofu juste en dessous du centre de chaque peau de wonton. Pliez le coin inférieur, repliez les côtés, puis roulez en humidifiant les bords avec de l'eau pour sceller. Faites chauffer l'huile et faites frire les morceaux pendant environ 8 minutes jusqu'à ce qu'ils soient dorés. Bien égoutter avant de servir.

rouleaux de calamars frits

pour 4 personnes

45 ml / 3 cuillères à soupe d'huile d'arachide (cacahuètes)

225g / 8oz d'anneaux de calmar

1 gros poivron vert, coupé en morceaux

100 g de pousses de bambou, tranchées

2 oignons verts (oignons verts), hachés finement

1 tranche de racine de gingembre, hachée finement

45 ml / 2 cuillères à soupe de sauce soja

30 ml / 2 cuillères à soupe de vin de riz ou de xérès sec

15 ml / 1 cuillère à soupe de semoule de maïs (fécule de maïs)

15 ml / 1 cuillère à soupe de fumet de poisson ou d'eau

5 ml / 1 cuillère à café de sucre

5 ml / 1 cuillère à café de vinaigre de vin

5 ml / 1 cuillère à café d'huile de sésame

sel et poivre fraîchement moulu

Faire chauffer 15 ml / 1 cuillère à soupe d'huile et faire revenir rapidement les calamars jusqu'à ce qu'ils soient bien saisis. Pendant ce temps, faites chauffer le reste d'huile dans une poêle à part et faites revenir le poivron, les pousses de bambou, les oignons nouveaux et le gingembre pendant 2 minutes. Ajouter les calamars et faire revenir 1 minute. Ajouter la sauce soja, le vin ou le xérès, la semoule de maïs, le bouillon, le sucre, le vinaigre de vin et l'huile de sésame, et assaisonner de sel et de poivre. Faire sauter jusqu'à ce que la sauce se clarifie et épaississe.

Calamars sautés

pour 4 personnes

45 ml / 3 cuillères à soupe d'huile d'arachide (cacahuètes)
3 oignons nouveaux (oignons verts), tranchés épais
2 tranches de racine de gingembre, hachées
450 g / 1 lb calamars, coupés en morceaux
15 ml / 1 cuillère à soupe de sauce soja
15 ml / 1 cuillère à soupe de vin de riz ou de xérès sec
5 ml / 1 cuillère à café de semoule de maïs (fécule de maïs)
15 ml / 1 cuillère à soupe d'eau

Faire chauffer l'huile et faire revenir la ciboulette et le gingembre jusqu'à ce qu'ils soient tendres. Ajouter les calamars et les faire frire jusqu'à ce qu'ils soient recouverts d'huile. Ajouter la sauce soja et le vin ou le xérès, couvrir et laisser mijoter 2 minutes. Mélanger la semoule de maïs et l'eau en une pâte, ajouter à la casserole et cuire à feu doux, en remuant, jusqu'à ce que la sauce épaississe et que les calamars soient tendres.

Calamars aux Champignons Séchés

pour 4 personnes

50g / 2oz de champignons chinois séchés
450 g / 1 livre d'anneaux de calmar
45 ml / 3 cuillères à soupe d'huile d'arachide (cacahuètes)
45 ml / 3 cuillères à soupe de sauce soja
2 oignons verts (oignons verts), hachés finement
1 tranche de racine de gingembre, hachée
225 g de pousses de bambou, coupées en lanières
30 ml / 2 cuillères à soupe de semoule de maïs (fécule de maïs)
150 ml / ¬° pt / généreux ¬Ω tasse de fumet de poisson

Faire tremper les champignons dans de l'eau tiède pendant 30 minutes, puis les égoutter. Jeter les tiges et couper les sommets. Blanchir les calamars quelques secondes dans de l'eau bouillante. Faire chauffer l'huile puis ajouter les champignons, la sauce soja, les oignons nouveaux et le gingembre et faire revenir 2 minutes. Ajouter les calamars et les pousses de bambou et faire revenir 2 minutes. Mélanger la semoule de maïs et le bouillon et verser dans la poêle. Cuire à feu doux, en remuant, jusqu'à ce que la sauce s'amincisse et épaississe.

Calamars aux Légumes

pour 4 personnes

45 ml / 3 cuillères à soupe d'huile d'arachide (cacahuètes)
1 oignon tranché
5 ml / 1 cuillère à café de sel
450 g / 1 lb calamars, coupés en morceaux
100 g de pousses de bambou, tranchées
2 branches de céleri, coupées en diagonale
60 ml / 4 cuillères à soupe de bouillon de poulet
5 ml / 1 cuillère à café de sucre
100 g / 4 oz de pois mange-tout
5 ml / 1 cuillère à café de semoule de maïs (fécule de maïs)
15 ml / 1 cuillère à soupe d'eau

Faire chauffer l'huile et faire revenir l'oignon et le sel jusqu'à ce qu'ils soient légèrement dorés. Ajouter les calamars et les faire frire jusqu'à ce qu'ils soient baignés d'huile. Ajouter les pousses de bambou et le céleri et faire revenir 3 minutes. Ajouter le bouillon et le sucre, porter à ébullition, couvrir et laisser mijoter 3 minutes jusqu'à ce que les légumes soient tendres. Ajouter le mange-tout. Mélanger la semoule de maïs et l'eau dans une pâte, incorporer dans la casserole et laisser mijoter, en remuant, jusqu'à ce que la sauce épaississe.

Mijoté de boeuf à l'anis

pour 4 personnes

30 ml / 2 cuillères à soupe d'huile d'arachide

450g / 1lb de filet de boeuf

1 gousse d'ail écrasée

45 ml / 3 cuillères à soupe de sauce soja

15 ml / 1 cuillère à soupe d'eau

15 ml / 1 cuillère à soupe de vin de riz ou de xérès sec

5 ml / 1 cuillère à café de sel

5 ml / 1 cuillère à café de sucre

2 clous de girofle d'anis étoilé

Faire chauffer l'huile et faire frire la viande jusqu'à ce qu'elle soit dorée de tous les côtés. Ajouter le reste des ingrédients, porter à ébullition, couvrir et laisser mijoter environ 45 minutes, puis retourner la viande, en ajoutant un peu plus d'eau et de sauce soja si la viande devient sèche. Laisser mijoter encore 45 minutes jusqu'à ce que la viande soit tendre. Jeter l'anis étoilé avant de servir.

Veau aux asperges

pour 4 personnes

450 g / 1 livre de bifteck de filet mignon, coupé en cubes
30 ml / 2 cuillères à soupe de sauce soja
30 ml / 2 cuillères à soupe de vin de riz ou de xérès sec
45 ml / 3 cuillères à soupe de semoule de maïs (fécule de maïs)
45 ml / 3 cuillères à soupe d'huile d'arachide (cacahuètes)
5 ml / 1 cuillère à café de sel
1 gousse d'ail écrasée
350 g / 12 oz pointes d'asperges
120 ml / 4 fl oz / ¬Ω tasse de bouillon de poulet
15 ml / 1 cuillère à soupe de sauce soja

Placer le steak dans un bol. Mélangez la sauce soja, le vin ou le sherry et 30 ml / 2 cuillères à soupe de semoule de maïs, versez sur le steak et remuez bien. Laisser macérer 30 minutes. Faire chauffer l'huile avec le sel et l'ail et faire revenir jusqu'à ce que l'ail soit légèrement doré. Ajouter la viande et la marinade et faire revenir 4 minutes. Ajouter les asperges et faire revenir doucement pendant 2 minutes. Ajouter le bouillon et la sauce soja, porter à ébullition et laisser mijoter, en remuant, pendant 3 minutes jusqu'à ce que la viande soit cuite. Mélanger le reste de semoule de maïs avec un peu plus d'eau ou de bouillon et incorporer à la sauce. Laisser mijoter, en remuant, pendant quelques minutes jusqu'à ce que la sauce s'amincisse et épaississe.

Bœuf aux Pousses de Bambou

pour 4 personnes

45 ml / 3 cuillères à soupe d'huile d'arachide (cacahuètes)
1 gousse d'ail écrasée
1 oignon nouveau (oignon vert), haché
1 tranche de racine de gingembre, hachée
8 oz / 225 g de bœuf maigre, coupé en lanières
100 g de pousses de bambou
45 ml / 3 cuillères à soupe de sauce soja
15 ml / 1 cuillère à soupe de vin de riz ou de xérès sec
5 ml / 1 cuillère à café de semoule de maïs (fécule de maïs)

Faire chauffer l'huile et faire revenir l'ail, la ciboule et le gingembre jusqu'à ce qu'ils soient légèrement dorés. Ajouter la viande et faire revenir pendant 4 minutes jusqu'à ce qu'elle soit légèrement dorée. Ajouter les pousses de bambou et faire revenir 3 minutes. Ajouter la sauce soja, le vin ou le xérès et la fécule de maïs et cuire 4 minutes.

Boeuf aux Pousses de Bambou et Champignons

pour 4 personnes

225g / 8oz boeuf maigre
45 ml / 3 cuillères à soupe d'huile d'arachide (cacahuètes)
1 tranche de racine de gingembre, hachée
100 g de pousses de bambou, tranchées
100 g / 4 oz de champignons, tranchés
45 ml / 3 cuillères à soupe de vin de riz ou de xérès sec
5 ml / 1 cuillère à café de sucre
10 ml / 2 cuillères à café de sauce soja
sel et poivre
120 ml / 4 fl oz / ¬Ω tasse de bouillon de boeuf
15 ml / 1 cuillère à soupe de semoule de maïs (fécule de maïs)
30 ml / 2 cuillères à soupe d'eau

Couper la viande en fines tranches contre le grain. Faire chauffer l'huile et faire revenir le gingembre quelques secondes. Ajouter la viande et faire sauter jusqu'à ce qu'elle soit dorée. Ajouter les pousses de bambou et les champignons et faire revenir 1 minute.

Ajouter le vin ou le xérès, le sucre et la sauce soja et assaisonner de sel et de poivre. Ajouter le bouillon, porter à ébullition, couvrir et laisser mijoter 3 minutes. Mélanger la semoule de maïs et l'eau, incorporer dans la casserole et laisser mijoter, en remuant, jusqu'à ce que la sauce épaississe.

Bœuf braisé à la chinoise

pour 4 personnes

45 ml / 3 cuillères à soupe d'huile d'arachide (cacahuètes)
900 g / 2 lb de faux-filet
1 oignon de printemps (oignon vert), tranché
1 gousse d'ail hachée
1 tranche de racine de gingembre, hachée
60 ml / 4 cuillères à soupe de sauce soja
30 ml / 2 cuillères à soupe de vin de riz ou de xérès sec
5 ml / 1 cuillère à café de sucre
5 ml / 1 cuillère à café de sel
pincée de poivre
750 ml / 1ère m / 3 tasses d'eau bouillante

Faire chauffer l'huile et faire dorer rapidement la viande de tous les côtés. Ajouter la ciboule, l'ail, le gingembre, la sauce soja, le vin ou le xérès, le sucre, le sel et le poivre. Porter à ébullition en remuant. Ajouter l'eau bouillante, ramener à ébullition en remuant, puis couvrir et laisser mijoter environ 2 heures jusqu'à ce que la viande soit tendre.

Veau aux germes de soja

pour 4 personnes

450 g / 1 lb de bœuf maigre, tranché

1 blanc d'oeuf

30 ml / 2 cuillères à soupe d'huile d'arachide

15 ml / 1 cuillère à soupe de semoule de maïs (fécule de maïs)

15 ml / 1 cuillère à soupe de sauce soja

100g / 4oz de germes de soja

1 oz / 25 g de chou mariné, râpé

1 piment rouge, râpé

2 oignons verts (oignons verts), râpés

2 tranches de racine de gingembre, râpées

sel

5 ml / 1 cuillère à café de sauce aux huîtres

5 ml / 1 cuillère à café d'huile de sésame

Mélanger la viande avec le blanc d'œuf, la moitié de l'huile, la fécule de maïs et la sauce soja et laisser reposer 30 minutes. Blanchir les germes de soja dans de l'eau bouillante pendant environ 8 minutes jusqu'à ce qu'ils soient presque tendres, puis égoutter. Faites chauffer le reste de l'huile et faites revenir la viande jusqu'à ce qu'elle soit légèrement dorée, puis retirez-la de la poêle. Ajouter le chou mariné, le piment, le gingembre, le sel, la sauce aux huîtres et l'huile de sésame et faire revenir pendant 2 minutes. Ajouter les germes de soja et faire revenir 2 minutes. Remettre la viande dans la poêle et faire sauter jusqu'à ce qu'elle soit bien mélangée et bien chaude. Servir aussitôt.

Bœuf avec brocoli

pour 4 personnes

450g / 1 livre de bifteck de filet mignon, tranché fin
30 ml / 2 cuillères à soupe de semoule de maïs (fécule de maïs)
15 ml / 1 cuillère à soupe de vin de riz ou de xérès sec
15 ml / 1 cuillère à soupe de sauce soja
30 ml / 2 cuillères à soupe d'huile d'arachide
5 ml / 1 cuillère à café de sel
1 gousse d'ail écrasée
225g / 8oz bouquets de brocoli
150 ml / ¬° pt / généreuse ¬Ω tasse de bouillon de bœuf

Placer le steak dans un bol. Mélanger 15 ml / 1 cuillère à soupe de semoule de maïs avec le vin ou le xérès et la sauce soja, ajouter à la viande et laisser mariner 30 minutes. Faire chauffer l'huile avec le sel et l'ail et faire revenir jusqu'à ce que l'ail soit légèrement doré. Ajouter le steak et la marinade et cuire 4 minutes. Ajouter le brocoli et faire revenir 3 minutes. Ajouter le bouillon, porter à ébullition, couvrir et laisser mijoter pendant 5 minutes jusqu'à ce que le brocoli soit tendre mais encore croustillant. Mélanger le reste de semoule de maïs avec un peu d'eau et l'incorporer à la sauce. Cuire à feu doux en remuant jusqu'à ce que la sauce s'amincisse et épaississe.

Boeuf aux Graines de Sésame au Brocoli

pour 4 personnes

150g / 5oz boeuf maigre, tranché fin
2,5 ml / ¬Ω c. à thé de sauce aux huîtres
5 ml / 1 cuillère à café de semoule de maïs (fécule de maïs)
5 ml / 1 cuillère à café de vinaigre de vin blanc
60 ml / 4 cuillères à soupe d'huile d'arachide

100 g de bouquets de brocoli
5 ml / 1 cuillère à café de sauce de poisson
2,5 ml / ¬Ω c. à thé de sauce soja
250 ml / 8 fl oz / 1 tasse de bouillon de bœuf
30 ml / 2 cuillères à soupe de graines de sésame

Faire mariner la viande avec la sauce aux huîtres, 2,5 ml / ¬Ω càc de semoule de maïs, 2,5 ml / ¬Ω càc de vinaigre de vin et 15 ml / 1 càs d'huile pendant 1 heure.

Pendant ce temps, faites chauffer 15 ml / 1 cuillère à soupe d'huile, ajoutez le brocoli, 2,5 ml / ¬Ω de sauce de poisson, la sauce soja et le vinaigre de vin restant et couvrez d'eau bouillante. Cuire à feu doux pendant environ 10 minutes jusqu'à tendreté.

Faites chauffer 30 ml / 2 cuillères à soupe d'huile dans une poêle à part et faites revenir brièvement la viande jusqu'à ce qu'elle soit saisie. Ajouter le bouillon, le reste de semoule de maïs et la sauce de poisson, porter à ébullition, couvrir et laisser mijoter environ 10 minutes jusqu'à ce que la viande soit tendre. Égouttez le brocoli et placez-le sur une assiette de service chaude. Garnir de viande et saupoudrer généreusement de graines de sésame.

Rôti

pour 4 personnes

450 g / 1 livre de steak maigre, tranché

60 ml / 4 cuillères à soupe de sauce soja

2 gousses d'ail écrasées

5 ml / 1 cuillère à café de sel

2,5 ml / ¬Ω c. à thé de poivre fraîchement moulu

10 ml / 2 cuillères à café de sucre

Mélanger tous les ingrédients et laisser macérer 3 heures. Griller ou griller (rôti) sur un gril chaud pendant environ 5 minutes de chaque côté.

Bœuf cantonais

pour 4 personnes

30 ml / 2 cuillères à soupe de semoule de maïs (fécule de maïs)
2 blancs d'oeufs battus
450 g / 1 livre de steak, coupé en lanières
huile de friture
4 branches de céleri, tranchées
2 oignons tranchés
60 ml / 4 cuillères à soupe d'eau
20 ml / 4 cuillères à café de sel
75 ml / 5 cuillères à soupe de sauce soja
60 ml / 4 cuillères à soupe de vin de riz ou de xérès sec
30 ml / 2 cuillères à soupe de sucre
poivre fraîchement moulu

Mélanger la moitié de la fécule de maïs avec les blancs d'œufs. Ajouter le bifteck et remuer pour enrober la viande de pâte. Faire chauffer l'huile et faire frire le steak jusqu'à ce qu'il soit doré. Retirer de la poêle et égoutter sur du papier absorbant. Faites chauffer 15 ml / 1 cuillère à soupe d'huile et faites revenir le céleri et l'oignon pendant 3 minutes. Ajouter la viande, l'eau, le sel, la sauce soja, le vin ou le xérès et le sucre, et assaisonner de poivre. Porter à ébullition et laisser mijoter, en remuant, jusqu'à ce que la sauce épaississe.

Bœuf aux carottes

pour 4 personnes

30 ml / 2 cuillères à soupe d'huile d'arachide
450 g / 1 lb de bœuf maigre, coupé en cubes
2 oignons verts (oignons verts), tranchés
2 gousses d'ail écrasées
1 tranche de racine de gingembre, hachée
250 ml / 8 fl oz / 1 tasse de sauce soja
30 ml / 2 cuillères à soupe de vin de riz ou de xérès sec
30 ml / 2 cuillères à soupe de cassonade
5 ml / 1 cuillère à café de sel
600 ml / 1 pt / 2 Ω tasses d'eau
4 carottes, tranchées en diagonale

Faites chauffer l'huile et faites revenir la viande jusqu'à ce qu'elle soit légèrement dorée. Égoutter l'excédent d'huile et ajouter la ciboulette, l'ail, le gingembre et l'anis frits pendant 2 minutes. Ajouter la sauce soja, le vin ou le xérès, le sucre et le sel et bien mélanger. Ajouter l'eau, porter à ébullition, couvrir et laisser mijoter 1 heure. Ajouter les carottes, couvrir et laisser mijoter 30 minutes supplémentaires. Retirer le couvercle et laisser mijoter jusqu'à ce que la sauce ait réduit.

Boeuf aux Noix de Cajou

pour 4 personnes

60 ml / 4 cuillères à soupe d'huile d'arachide
450g / 1 livre de bifteck de filet mignon, tranché fin
8 oignons nouveaux (oignons verts), coupés en morceaux
2 gousses d'ail écrasées
1 tranche de racine de gingembre, hachée
75 g / 3 oz / ¬œ tasse de noix de cajou grillées
120 ml / 4 fl oz / ¬Ω tasse d'eau
20 ml / 4 cuillères à café de semoule de maïs (fécule de maïs)
20 ml / 4 cuillères à café de sauce soja
5 ml / 1 cuillère à café d'huile de sésame
5 ml / 1 cuillère à café de sauce aux huîtres
5 ml / 1 cuillère à café de sauce chili

Faites chauffer la moitié de l'huile et faites revenir la viande jusqu'à ce qu'elle soit légèrement dorée. Retirer du moule. Faire chauffer le reste de l'huile et faire revenir les oignons nouveaux, l'ail, le gingembre et les noix de cajou pendant 1 minute.

Remettre la viande dans la poêle. Mélanger les ingrédients restants et remuer le mélange dans la casserole. Porter à ébullition et laisser mijoter, en remuant, jusqu'à ce que le mélange épaississe.

Casserole de bœuf à la mijoteuse

pour 4 personnes

30 ml / 2 cuillères à soupe d'huile d'arachide
450 g / 1 lb de viande à ragoût, coupée en cubes
3 tranches de racine de gingembre, hachées
3 carottes tranchées
1 navet en cubes
15 ml / 1 cuillère à soupe de dattes noires dénoyautées
15 ml / 1 cuillère à soupe de graines de lotus
30 ml / 2 cuillères à soupe de purée de tomates (pâte)
10 ml / 2 cuillères à soupe de sel
900 ml / 1¬Ω pts / 3¬œ tasses de bouillon de bœuf
250 ml / 8 fl oz / 1 tasse de vin de riz ou de xérès sec

Faites chauffer l'huile dans une grande marmite ou une poêle résistante au feu et faites frire la viande jusqu'à ce qu'elle soit saisie de tous les côtés.

Veau au chou-fleur

pour 4 personnes

225g / 8oz bouquets de chou-fleur
huile de friture
225g / 8oz boeuf, coupé en lanières
50 g de pousses de bambou, coupées en lanières
10 châtaignes d'eau, coupées en lanières
120 ml / 4 fl oz / ¬Ω tasse de bouillon de poulet
15 ml / 1 cuillère à soupe de sauce soja
15 ml / 1 cuillère à soupe de sauce aux huîtres
15 ml / 1 cuillère à soupe de purée de tomates (pâte)
15 ml / 1 cuillère à soupe de semoule de maïs (fécule de maïs)
2,5 ml / ¬Ω c. à thé d'huile de sésame

Faites bouillir le chou-fleur 2 minutes dans de l'eau bouillante, puis égouttez-le. Faire chauffer l'huile et faire revenir le chou-fleur jusqu'à ce qu'il soit légèrement doré. Retirer et égoutter sur du papier absorbant. Réchauffez l'huile et faites frire la viande jusqu'à ce qu'elle soit légèrement dorée, puis retirez-la et égouttez-la. Versez tout sauf 15 ml/1 cuillère à soupe d'huile et faites revenir les pousses de bambou et les châtaignes d'eau pendant 2 minutes. Ajouter le reste des ingrédients, porter à ébullition et laisser mijoter, en remuant, jusqu'à ce que la sauce épaississe. Remettre la viande et le chou-fleur dans la poêle et réchauffer doucement. Servir aussitôt.

Boeuf au Céleri

pour 4 personnes

100 g / 4 oz de céleri, coupé en lanières
45 ml / 3 cuillères à soupe d'huile d'arachide (cacahuètes)
2 oignons verts (oignons verts), hachés
1 tranche de racine de gingembre, hachée
8 oz / 225 g de bœuf maigre, coupé en lanières
30 ml / 2 cuillères à soupe de sauce soja
30 ml / 2 cuillères à soupe de vin de riz ou de xérès sec
2,5 ml / ½ cuillère à café de sucre
2,5 ml / ½ c. à thé de sel

Blanchir le céleri dans l'eau bouillante pendant 1 minute, puis bien égoutter. Faire chauffer l'huile et faire revenir les oignons nouveaux et le gingembre jusqu'à ce qu'ils soient légèrement dorés. Ajouter la viande et faire revenir 4 minutes. Ajouter le céleri et faire revenir 2 minutes. Ajouter la sauce soja, le vin ou le sherry, le sucre et le sel et faire revenir pendant 3 minutes.

Tranches de boeuf frites au céleri

pour 4 personnes

30 ml / 2 cuillères à soupe d'huile d'arachide
450 g / 1 lb de bœuf maigre, tranché
3 branches de céleri, râpées
1 oignon, râpé
1 oignon de printemps (oignon vert), tranché
1 tranche de racine de gingembre, hachée
30 ml / 2 cuillères à soupe de sauce soja
15 ml / 1 cuillère à soupe de vin de riz ou de xérès sec
2,5 ml / ½ cuillère à café de sucre
2,5 ml / ½ c. à thé de sel
10 ml / 2 cuillères à café de semoule de maïs (fécule de maïs)
30 ml / 2 cuillères à soupe d'eau

Faites chauffer la moitié de l'huile jusqu'à ce qu'elle soit très chaude et faites frire la viande pendant 1 minute jusqu'à ce qu'elle soit dorée. Retirer du moule. Faire chauffer le reste de l'huile et faire revenir le céleri, l'oignon, la ciboule et le gingembre jusqu'à ce qu'ils soient légèrement ramollis. Remettre la viande dans la casserole avec la sauce soja, le vin ou le xérès, le sucre et le sel, porter à ébullition et faire revenir pour réchauffer. Mélanger la semoule de maïs et l'eau, remuer dans la casserole et laisser mijoter jusqu'à ce que la sauce épaississe. Servir aussitôt.

Bœuf effiloché au poulet et céleri

pour 4 personnes

4 champignons chinois séchés
45 ml / 3 cuillères à soupe d'huile d'arachide (cacahuètes)
2 gousses d'ail écrasées
1 racine de gingembre tranchée, hachée
5 ml / 1 cuillère à café de sel
100g / 4oz boeuf maigre, coupé en lanières
100 g / 4 oz de poulet, coupé en lanières
2 carottes, coupées en lanières
2 branches de céleri, coupées en lanières
4 oignons nouveaux (oignons verts), coupés en lanières
5 ml / 1 cuillère à café de sucre

5 ml / 1 cuillère à café de sauce soja
5 ml / 1 cuillère à café de vin de riz ou de sherry sec
45 ml / 3 cuillères à soupe d'eau
5 ml / 1 cuillère à café de semoule de maïs (fécule de maïs)

Faire tremper les champignons dans de l'eau tiède pendant 30 minutes, puis les égoutter. Jeter les tiges et hacher les sommets. Faire chauffer l'huile et faire revenir l'ail, le gingembre et le sel jusqu'à ce qu'ils soient légèrement dorés. Ajouter la viande et le poulet et faire revenir jusqu'à ce qu'ils commencent à dorer. Ajouter le céleri, les oignons nouveaux, le sucre, la sauce soja, le vin ou le xérès et l'eau et porter à ébullition. Couvrir et laisser mijoter environ 15 minutes jusqu'à ce que la viande soit tendre. Mélanger la semoule de maïs avec un peu d'eau, l'incorporer à la sauce et laisser mijoter, en remuant, jusqu'à ce que la sauce épaississe.

Boeuf au Chili

pour 4 personnes

450 g / 1 livre de bifteck de filet, coupé en lanières
45 ml / 3 cuillères à soupe de sauce soja
15 ml / 1 cuillère à soupe de vin de riz ou de xérès sec
15 ml / 1 cuillère à soupe de cassonade
15 ml / 1 cuillère à soupe de racine de gingembre finement hachée
30 ml / 2 cuillères à soupe d'huile d'arachide
50 g de pousses de bambou, coupées en cure-dents
1 oignon coupé en lanières
1 branche de céleri, coupée en bâtonnets d'allumettes
2 piments rouges, épépinés et coupés en lanières
120 ml / 4 fl oz / ¬Ω tasse de bouillon de poulet
15 ml / 1 cuillère à soupe de semoule de maïs (fécule de maïs)

Placer le steak dans un bol. Mélanger la sauce soja, le vin ou le xérès, le sucre et le gingembre et incorporer au steak. Laisser macérer 1 heure. Retirer le bifteck de la marinade. Faites chauffer la moitié de l'huile et faites revenir les pousses de bambou, l'oignon, le céleri et le piment pendant 3 minutes, puis retirez-les de la poêle. Faites chauffer le reste d'huile et faites revenir le steak pendant 3 minutes. Ajouter la marinade, porter à ébullition et ajouter les légumes sautés. Cuire à feu doux, en remuant, pendant 2 minutes. Mélanger le bouillon et la semoule de maïs ensemble et ajouter à la poêle. Porter à ébullition et laisser mijoter, en remuant, jusqu'à ce que la sauce s'amincisse et épaississe.

Boeuf au Chou Chinois

pour 4 personnes

225g / 8oz boeuf maigre

30 ml / 2 cuillères à soupe d'huile d'arachide

350g / 12oz bok choy, râpé

120 ml / 4 fl oz / ¬Ω tasse de bouillon de boeuf

sel et poivre fraîchement moulu

10 ml / 2 cuillères à café de semoule de maïs (fécule de maïs)

30 ml / 2 cuillères à soupe d'eau

Couper la viande en fines tranches contre le grain. Faites chauffer l'huile et faites frire la viande jusqu'à ce qu'elle soit dorée. Ajouter le chou chinois et faire revenir jusqu'à ce qu'il soit légèrement ramolli. Ajouter le bouillon, porter à ébullition et assaisonner de sel et de poivre. Couvrir et laisser mijoter 4 minutes jusqu'à ce que la viande soit tendre. Mélanger la semoule de maïs et l'eau, incorporer dans la casserole et laisser mijoter, en remuant, jusqu'à ce que la sauce épaississe.

Boeuf Chop Suey

pour 4 personnes

3 branches de céleri, tranchées

100g / 4oz de germes de soja

100 g de bouquets de brocoli

60 ml / 4 cuillères à soupe d'huile d'arachide

3 oignons verts (oignons verts), hachés

2 gousses d'ail écrasées

1 tranche de racine de gingembre, hachée

8 oz / 225 g de bœuf maigre, coupé en lanières

45 ml / 3 cuillères à soupe de sauce soja

15 ml / 1 cuillère à soupe de vin de riz ou de xérès sec

5 ml / 1 cuillère à café de sel

2,5 ml / ½ cuillère à café de sucre

poivre fraîchement moulu

15 ml / 1 cuillère à soupe de semoule de maïs (fécule de maïs)

Blanchir le céleri, les germes de soja et le brocoli dans de l'eau bouillante pendant 2 minutes, puis égoutter et éponger. Faites chauffer 45 ml / 3 cuillères à soupe d'huile et faites revenir les oignons nouveaux, l'ail et le gingembre jusqu'à ce qu'ils soient légèrement dorés. Ajouter la viande et faire revenir 4 minutes. Retirer du moule. Faire chauffer le reste d'huile et faire revenir les légumes pendant 3 minutes. Ajouter la viande, la sauce soja, le vin ou le xérès, le sel, le sucre et une pincée de poivre et cuire 2 minutes. Mélangez la semoule de maïs avec un peu d'eau, versez-la dans la casserole et faites cuire à feu doux, en remuant, jusqu'à ce que la sauce s'amincisse et épaississe.

boeuf au concombre

pour 4 personnes

450g / 1 livre de bifteck de filet mignon, tranché fin
45 ml / 3 cuillères à soupe de sauce soja
30 ml / 2 cuillères à soupe de semoule de maïs (fécule de maïs)
60 ml / 4 cuillères à soupe d'huile d'arachide
2 concombres, pelés, épépinés et tranchés
60 ml / 4 cuillères à soupe de bouillon de poulet
30 ml / 2 cuillères à soupe de vin de riz ou de xérès sec
sel et poivre fraîchement moulu

Placer le steak dans un bol. Mélanger la sauce soja et la semoule de maïs et ajouter au steak. Laisser macérer 30 minutes. Faites chauffer la moitié de l'huile et faites revenir les concombres pendant 3 minutes jusqu'à ce qu'ils soient opaques, puis retirez-les de la poêle. Faites chauffer le reste de l'huile et faites frire le steak jusqu'à ce qu'il soit doré. Ajouter les concombres et faire revenir 2 minutes. Ajouter le bouillon, le vin ou le xérès et assaisonner de sel et de poivre. Porter à ébullition, couvrir et cuire à feu doux pendant 3 minutes.

Chow mein au boeuf

pour 4 personnes

750 g / 1 ¬Ω lb de filet de bœuf

2 oignons

45 ml / 3 cuillères à soupe de sauce soja

45 ml / 3 cuillères à soupe de vin de riz ou de xérès sec

15 ml / 1 cuillère à soupe de beurre de cacahuète

5 ml / 1 cuillère à café de jus de citron

350g / 12oz de nouilles aux oeufs

60 ml / 4 cuillères à soupe d'huile d'arachide

175 ml / 6 fl oz / ¬œ tasse de bouillon de poulet

15 ml / 1 cuillère à soupe de semoule de maïs (fécule de maïs)

30 ml / 2 cuillères à soupe de sauce aux huîtres

4 oignons verts (oignons verts), hachés

3 branches de céleri, tranchées

100 g / 4 oz de champignons, tranchés

1 poivron vert coupé en lanières

100g / 4oz de germes de soja

Coupez et jetez le gras de la viande. Couper dans le sens du grain en fines tranches. Couper les oignons en quartiers et séparer les couches. Mélangez 15 ml / 1 cuillère à soupe de sauce soja avec

15 ml / 1 cuillère à soupe de vin ou de xérès, le beurre de cacahuète et le jus de citron. Ajouter la viande, couvrir et laisser reposer 1 heure. Cuire les nouilles dans l'eau bouillante pendant environ 5 minutes ou jusqu'à ce qu'elles soient tendres. Bien égoutter. Faites chauffer 15 ml / 1 cuillère à soupe d'huile, ajoutez 15 ml / 1 cuillère à soupe de sauce soja et les nouilles et faites revenir pendant 2 minutes jusqu'à ce qu'elles soient légèrement dorées. Transférer dans un plat de service chaud.

Mélanger le reste de la sauce soja et du vin ou du xérès avec le bouillon, la semoule de maïs et la sauce aux huîtres. Faites chauffer 15 ml / 1 cuillère à soupe d'huile et faites revenir les oignons pendant 1 minute. Ajouter le céleri, les champignons, le poivron et les germes de soja et cuire 2 minutes. Retirer du wok. Faites chauffer l'huile restante et faites frire la viande jusqu'à ce qu'elle soit dorée. Ajouter le bouillon, porter à ébullition, couvrir et laisser mijoter 3 minutes. Remettre les légumes dans le wok et cuire à feu doux en remuant environ 4 minutes jusqu'à ce qu'ils soient bien chauds. Verser le mélange sur les nouilles et servir.

steak de concombre

pour 4 personnes

450 g / 1 livre de bifteck de filet
10 ml / 2 cuillères à café de semoule de maïs (fécule de maïs)
10 ml / 2 cuillères à café de sel
2,5 ml / ½ c. à thé de poivre fraîchement moulu
90 ml / 6 cuillères à soupe d'huile d'arachide
1 oignon finement haché
1 concombre, pelé et tranché
120 ml / 4 fl oz / ½ tasse de bouillon de boeuf

Couper le filet en lanières puis en tranches fines dans le sens contraire du grain. Placer dans un bol et ajouter la fécule de maïs, le sel, le poivre et la moitié de l'huile. Laisser macérer 30 minutes. Faire chauffer le reste de l'huile et faire revenir la viande et l'oignon jusqu'à ce qu'ils soient légèrement dorés. Ajouter les concombres et le bouillon, porter à ébullition, couvrir et laisser mijoter 5 minutes.

Curry de boeuf au four

pour 4 personnes

45 ml / 3 cuillères à soupe de beurre
15 ml / 1 cuillère à soupe de curry en poudre

45 ml / 3 cuillères à soupe de farine ordinaire (tout usage)

375 ml / 13 fl oz / 1 ½ tasses de lait

15 ml / 1 cuillère à soupe de sauce soja

sel et poivre fraîchement moulu

450 g / 1 lb de boeuf cuit, haché

100g / 4oz de pois

2 carottes hachées

2 oignons hachés

8 oz / 225 g de riz à grains longs cuit, chaud

1 œuf dur (cuit), tranché

Faire fondre le beurre, ajouter le curry en poudre et la farine et cuire 1 minute. Ajouter le lait et la sauce soja, porter à ébullition et laisser mijoter, en remuant, pendant 2 minutes. Assaisonnez avec du sel et du poivre. Ajouter la viande, les pois, les carottes et les oignons et bien mélanger pour bien enrober de sauce. Ajouter le riz, puis transférer le mélange dans un plat allant au four et cuire dans un four préchauffé à 200 ∞C / 400 ∞F / thermostat 6 pendant 20 minutes jusqu'à ce que les légumes soient tendres. Servir garni de tranches d'œufs durs.

Sauté de poulet simple

pour 4 personnes

1 poitrine de poulet, tranchée finement

2 tranches de racine de gingembre, hachées

2 oignons verts (oignons verts), hachés

15 ml / 1 cuillère à soupe de semoule de maïs (fécule de maïs)

15 ml / 1 cuillère à soupe de vin de riz ou de xérès sec

30 ml / 2 cuillères à soupe d'eau

2,5 ml / ½ cuillère à café de sel

45 ml / 3 cuillères à soupe d'huile d'arachide (cacahuètes)

100 g de pousses de bambou, tranchées

100 g / 4 oz de champignons, tranchés

100g / 4oz de germes de soja

15 ml / 1 cuillère à soupe de sauce soja

5 ml / 1 cuillère à café de sucre

120 ml / 4 fl oz / ½ tasse de bouillon de poulet

Mettre le poulet dans un bol. Mélanger le gingembre, les oignons nouveaux, la fécule de maïs, le vin ou le xérès, l'eau et le sel, ajouter au poulet et laisser reposer 1 heure. Faites chauffer la moitié de l'huile et faites revenir le poulet jusqu'à ce qu'il soit légèrement doré, puis retirez-le de la poêle. Faites chauffer le reste de l'huile et faites revenir les pousses de bambou, les champignons et les germes de soja pendant 4 minutes. Ajouter la sauce soya, le sucre et le bouillon, porter à ébullition, couvrir et laisser mijoter 5 minutes jusqu'à ce que les légumes soient tendres. Remettre le poulet dans la poêle, bien mélanger et réchauffer doucement avant de servir.

Poulet à la sauce tomate

pour 4 personnes

30 ml / 2 cuillères à soupe d'huile d'arachide

5 ml / 1 cuillère à café de sel

2 gousses d'ail écrasées

450 g / 1 livre de poulet, coupé en cubes

300 ml / ½ pt / 1¼ tasse de bouillon de poulet

120 ml / 4 fl oz / ½ tasse de sauce tomate (ketchup)

15 ml / 1 cuillère à soupe de semoule de maïs (fécule de maïs)

4 oignons nouveaux (oignons verts), tranchés

Faire chauffer l'huile avec le sel et l'ail jusqu'à ce que l'ail soit légèrement doré. Ajouter le poulet et faire revenir jusqu'à ce qu'il soit légèrement doré. Ajouter la majeure partie du bouillon, porter à ébullition, couvrir et laisser mijoter environ 15 minutes jusqu'à ce que le poulet soit tendre. Incorporer le bouillon restant avec la sauce tomate et la semoule de maïs et mélanger dans la poêle. Cuire à feu doux, en remuant, jusqu'à ce que la sauce épaississe et se clarifie. Si la sauce est très liquide, laissez-la mijoter un moment jusqu'à ce qu'elle réduise. Ajouter la ciboulette et laisser mijoter 2 minutes avant de servir.

Poulet aux tomates

pour 4 personnes

225 g / 8 oz de poulet, coupé en dés
15 ml / 1 cuillère à soupe de semoule de maïs (fécule de maïs)
15 ml / 1 cuillère à soupe de sauce soja
15 ml / 1 cuillère à soupe de vin de riz ou de xérès sec
45 ml / 3 cuillères à soupe d'huile d'arachide (cacahuètes)
1 oignon coupé en cubes
60 ml / 4 cuillères à soupe de bouillon de poulet
5 ml / 1 cuillère à café de sel
5 ml / 1 cuillère à café de sucre
2 tomates, sans la peau et coupées en dés

Mélanger le poulet avec la fécule de maïs, la sauce soja et le vin ou le xérès et laisser reposer pendant 30 minutes. Faire chauffer l'huile et faire revenir le poulet jusqu'à ce qu'il soit de couleur claire. Ajouter l'oignon et faire revenir jusqu'à ce qu'il soit ramolli. Ajouter le bouillon, le sel et le sucre, porter à ébullition et remuer doucement à feu doux jusqu'à ce que le poulet soit cuit. Ajouter les tomates et remuer jusqu'à ce qu'elles soient bien chaudes.

Poulet poché aux tomates

pour 4 personnes

4 portions de poulet

4 tomates, sans la peau et coupées en quartiers

15 ml / 1 cuillère à soupe de vin de riz ou de xérès sec

15 ml / 1 cuillère à soupe d'huile d'arachide

sel

Placer le poulet dans une poêle et couvrir d'eau froide. Porter à ébullition, couvrir et cuire à feu doux pendant 20 minutes. Ajouter les tomates, le vin ou le sherry, l'huile et le sel, couvrir et laisser mijoter 10 minutes supplémentaires jusqu'à ce que le poulet soit cuit. Disposez le poulet sur une assiette de service chauffée et coupez-le en morceaux pour servir. Réchauffer la sauce et verser sur le poulet pour servir.

Poulet et tomates avec sauce aux haricots noirs

pour 4 personnes

45 ml / 3 cuillères à soupe d'huile d'arachide (cacahuètes)
1 gousse d'ail écrasée
45 ml / 3 cuillères à soupe de sauce aux haricots noirs
225 g / 8 oz de poulet, coupé en dés
15 ml / 1 cuillère à soupe de vin de riz ou de xérès sec
5 ml / 1 cuillère à café de sucre
15 ml / 1 cuillère à soupe de sauce soja
90 ml / 6 cuillères à soupe de bouillon de poulet
3 tomates, pelées et coupées en quartiers
10 ml / 2 cuillères à café de semoule de maïs (fécule de maïs)
45 ml / 3 cuillères à soupe d'eau

Faire chauffer l'huile et faire revenir l'ail pendant 30 secondes. Ajouter la sauce aux haricots noirs et faire frire pendant 30 secondes puis ajouter le poulet et remuer jusqu'à ce qu'il soit bien enrobé d'huile. Ajouter le vin ou le xérès, le sucre, la sauce soja et le bouillon, porter à ébullition, couvrir et laisser mijoter environ 5 minutes jusqu'à ce que le poulet soit cuit. Mélanger la semoule de maïs et l'eau dans une pâte, incorporer dans la casserole et laisser mijoter, en remuant, jusqu'à ce que la sauce s'amincit et épaississe.

Poulet cuit rapidement avec des légumes

pour 4 personnes

1 blanc d'oeuf

50 g / 2 oz de semoule de maïs (fécule de maïs)

8 oz / 225 g de poitrines de poulet, coupées en lanières

75 ml / 5 cuillères à soupe d'huile d'arachide (cacahuètes)

200 g de pousses de bambou, coupées en lanières

50g / 2oz de germes de soja

1 poivron vert coupé en lanières

3 oignons nouveaux (oignons verts), tranchés

1 tranche de racine de gingembre, hachée

1 gousse d'ail hachée

15 ml / 1 cuillère à soupe de vin de riz ou de xérès sec

Battre ensemble le blanc d'œuf et la fécule de maïs et tremper les lanières de poulet dans le mélange. Faire chauffer l'huile à feu moyen et faire frire le poulet pendant quelques minutes jusqu'à ce qu'il soit cuit. Retirer de la poêle et bien égoutter. Ajouter les pousses de bambou, les germes de soja, le poivron, l'oignon, le gingembre et l'ail dans la poêle et faire sauter pendant 3 minutes. Ajouter le vin ou le sherry et remettre le poulet dans la poêle. Bien mélanger et chauffer avant de servir.

poulet aux noix

pour 4 personnes

45 ml / 3 cuillères à soupe d'huile d'arachide (cacahuètes)

2 oignons verts (oignons verts), hachés

1 tranche de racine de gingembre, hachée

1 livre / 450g de poitrine de poulet, tranchée très finement

50g / 2oz de jambon, émietté

30 ml / 2 cuillères à soupe de sauce soja

30 ml / 2 cuillères à soupe de vin de riz ou de xérès sec

5 ml / 1 cuillère à café de sucre

5 ml / 1 cuillère à café de sel

100 g / 4 oz / 1 tasse de noix, hachées

Faire chauffer l'huile et faire revenir les oignons et le gingembre pendant 1 minute. Ajouter le poulet et le jambon et faire revenir pendant 5 minutes jusqu'à ce qu'ils soient presque cuits. Ajouter la sauce soja, le vin ou le sherry, le sucre et le sel et faire revenir pendant 3 minutes. Ajouter les noix et faire frire pendant 1 minute jusqu'à ce que les ingrédients soient bien mélangés.

Poulet aux Noix

pour 4 personnes

100 g / 4 oz / 1 tasse de noix décortiquées, coupées en deux
huile de friture
45 ml / 3 cuillères à soupe d'huile d'arachide (cacahuètes)
2 tranches de racine de gingembre, hachées
225 g / 8 oz de poulet, coupé en dés
100 g de pousses de bambou, tranchées
75 ml / 5 cuillères à soupe de bouillon de poulet

Préparez les noix, chauffez l'huile et faites frire les noix jusqu'à ce qu'elles soient dorées et égouttez-les bien. Faites chauffer l'huile d'arachide et faites revenir le gingembre pendant 30 secondes. Ajouter le poulet et faire revenir jusqu'à ce qu'il soit légèrement doré. Ajouter le reste des ingrédients, porter à ébullition et laisser mijoter, en remuant, jusqu'à ce que le poulet soit cuit.

Poulet aux châtaignes d'eau

pour 4 personnes

45 ml / 3 cuillères à soupe d'huile d'arachide (cacahuètes)

2 gousses d'ail écrasées

2 oignons verts (oignons verts), hachés

1 tranche de racine de gingembre, hachée

225 g / 8 oz de poitrine de poulet, tranchée

100 g / 4 oz de châtaignes d'eau, tranchées

45 ml / 3 cuillères à soupe de sauce soja

15 ml / 1 cuillère à soupe de vin de riz ou de xérès sec

5 ml / 1 cuillère à café de semoule de maïs (fécule de maïs)

Faire chauffer l'huile et faire revenir l'ail, les oignons nouveaux et le gingembre jusqu'à ce qu'ils soient légèrement dorés. Ajouter le poulet et faire revenir 5 minutes. Ajouter les châtaignes d'eau et faire revenir 3 minutes. Ajouter la sauce soja, le vin ou le xérès et la semoule de maïs et faire sauter pendant environ 5 minutes jusqu'à ce que le poulet soit bien cuit.

Poulet salé aux châtaignes d'eau

pour 4 personnes

30 ml / 2 cuillères à soupe d'huile d'arachide

4 morceaux de poulet

3 oignons verts (oignons verts), hachés

2 gousses d'ail écrasées

1 tranche de racine de gingembre, hachée

250 ml / 8 fl oz / 1 tasse de sauce soja

30 ml / 2 cuillères à soupe de vin de riz ou de xérès sec

30 ml / 2 cuillères à soupe de cassonade

5 ml / 1 cuillère à café de sel

375 ml / 13 fl oz / 1¼ tasse d'eau

225 g / 8 oz de châtaignes d'eau, tranchées

15 ml / 1 cuillère à soupe de semoule de maïs (fécule de maïs)

Faites chauffer l'huile et faites revenir les morceaux de poulet jusqu'à ce qu'ils soient dorés. Ajouter la ciboulette, l'ail et le gingembre et faire revenir 2 minutes. Ajouter la sauce soja, le vin ou le xérès, le sucre et le sel et bien mélanger. Ajouter l'eau et porter à ébullition, couvrir et laisser mijoter 20 minutes. Ajouter les châtaignes d'eau, couvrir et cuire encore 20 minutes. Mélanger la semoule de maïs avec un peu d'eau, l'incorporer à la sauce et laisser mijoter, en remuant, jusqu'à ce que la sauce s'amincisse et épaississe.

raviolis au poulet

pour 4 personnes

4 champignons chinois séchés
450 g / 1 lb de poitrine de poulet, déchiquetée
8 oz / 225 g de verdures mélangées, hachées
1 oignon nouveau (oignon vert), haché
15 ml / 1 cuillère à soupe de sauce soja
2,5 ml / ½ cuillère à café de sel
40 peaux de wonton
1 œuf battu

Faire tremper les champignons dans de l'eau tiède pendant 30 minutes, puis les égoutter. Jeter les tiges et hacher les sommets. Mélanger avec le poulet, les légumes, la sauce soya et le sel.

Pour plier les wontons, tenez la peau dans la paume de votre main gauche et placez un peu de farce au centre. Humidifiez les bords avec de l'œuf et pliez la peau en triangle en scellant les bords. Humidifier les coins avec l'œuf et torsader.

Porter une casserole avec de l'eau à ébullition. Ajouter les wontons et laisser mijoter environ 10 minutes jusqu'à ce qu'ils flottent à la surface.

ailes de poulet croustillantes

pour 4 personnes

900 g / 2 lb d'ailes de poulet
60 ml / 4 cuillères à soupe de vin de riz ou de xérès sec
60 ml / 4 cuillères à soupe de sauce soja
50 g / 2 oz / ½ tasse de semoule de maïs (fécule de maïs)
huile d'arachide pour la friture

Placer les ailes de poulet dans un bol. Mélanger les ingrédients restants et verser sur les ailes de poulet, en remuant bien pour enrober de sauce. Couvrir et laisser reposer 30 minutes. Faire chauffer l'huile et faire frire le poulet quelques-uns à la fois jusqu'à ce qu'il soit bien cuit et brun foncé. Bien égoutter sur du papier absorbant et garder au chaud pendant que le poulet restant est frit.

Ailes de poulet aux cinq épices

pour 4 personnes

30 ml / 2 cuillères à soupe d'huile d'arachide

2 gousses d'ail écrasées

450 g / 1 livre d'ailes de poulet

250 ml / 8 fl oz / 1 tasse de bouillon de poulet

30 ml / 2 cuillères à soupe de sauce soja

5 ml / 1 cuillère à café de sucre

5 ml / 1 cuillère à café de cinq épices en poudre

Faire chauffer l'huile et l'ail jusqu'à ce que l'ail soit légèrement doré. Ajouter le poulet et faire revenir jusqu'à ce qu'il soit légèrement doré. Ajouter le reste des ingrédients en remuant bien et porter à ébullition. Couvrir et laisser mijoter environ 15 minutes jusqu'à ce que le poulet soit bien cuit. Retirer le couvercle et poursuivre la cuisson à feu doux, en remuant de temps en temps, jusqu'à ce que la majeure partie du liquide se soit évaporée. Servir chaud ou froid.

Ailes de poulet marinées

pour 4 personnes

45 ml / 3 cuillères à soupe de sauce soja
45 ml / 3 cuillères à soupe de vin de riz ou de xérès sec
30 ml / 2 cuillères à soupe de cassonade
5 ml / 1 cuillère à café de racine de gingembre râpée
2 gousses d'ail écrasées
6 oignons nouveaux (oignons verts), tranchés
450 g / 1 livre d'ailes de poulet
30 ml / 2 cuillères à soupe d'huile d'arachide
225 g / 8 oz de pousses de bambou, tranchées
20 ml / 4 cuillères à café de semoule de maïs (fécule de maïs)
175 ml / 6 fl oz / ¾ tasse de bouillon de poulet

Mélanger la sauce soja, le vin ou le xérès, le sucre, le gingembre, l'ail et la ciboulette. Ajouter les ailes de poulet et remuer pour bien enrober. Couvrir et laisser reposer 1 heure en remuant de temps en temps. Faire chauffer l'huile et faire frire les pousses de bambou pendant 2 minutes. Sortez-les de la poêle. Égoutter le poulet et l'oignon, réserver la marinade. Faire chauffer l'huile et faire frire le poulet jusqu'à ce qu'il soit doré de tous les côtés. Couvrir et cuire 20 minutes supplémentaires jusqu'à ce que le poulet soit tendre. Mélanger la fécule de maïs avec le bouillon et la marinade réservée. Verser sur le poulet et porter à ébullition, en remuant, jusqu'à ce que la sauce épaississe. Ajouter les pousses de bambou et laisser mijoter en remuant encore 2 minutes.

Ailes de poulet royales

pour 4 personnes

12 ailes de poulet

250 ml / 8 fl oz / 1 tasse d'huile d'arachide (cacahuètes)

15 ml / 1 cuillère à soupe de sucre cristallisé

2 oignons nouveaux (oignons verts), coupés en morceaux

5 tranches de racine de gingembre

5 ml / 1 cuillère à café de sel

45 ml / 3 cuillères à soupe de sauce soja

250 ml / 8 fl oz / 1 tasse de vin de riz ou de xérès sec

250 ml / 8 fl oz / 1 tasse de bouillon de poulet

10 tranches de pousses de bambou

15 ml / 1 cuillère à soupe de semoule de maïs (fécule de maïs)

15 ml / 1 cuillère à soupe d'eau

2,5 ml / ½ cuillère à café d'huile de sésame

Blanchir les ailes de poulet dans de l'eau bouillante pendant 5 minutes, puis bien les égoutter. Faire chauffer l'huile, ajouter le sucre et remuer jusqu'à ce qu'il soit fondu et doré. Ajouter le poulet, les oignons verts, le gingembre, le sel, la sauce soja, le vin et le bouillon, porter à ébullition et laisser mijoter pendant 20 minutes. Ajouter les pousses de bambou et laisser mijoter pendant 2 minutes ou jusqu'à ce que le liquide soit presque complètement évaporé. Mélangez la semoule de maïs avec l'eau, versez-la dans la casserole et remuez jusqu'à épaississement. Transférer les ailes de poulet dans une assiette de service chaude et servir arrosées d'huile de sésame.

Ailes de poulet épicées

pour 4 personnes

30 ml / 2 cuillères à soupe d'huile d'arachide
5 ml / 1 cuillère à café de sel
2 gousses d'ail écrasées
900 g / 2 lb d'ailes de poulet
30 ml / 2 cuillères à soupe de vin de riz ou de xérès sec
30 ml / 2 cuillères à soupe de sauce soja
30 ml / 2 cuillères à soupe de purée de tomates (pâte)
15 ml / 1 cuillère à soupe de sauce Worcestershire

Faire chauffer l'huile, le sel et l'ail et faire revenir jusqu'à ce que l'ail devienne légèrement doré. Ajouter les ailes de poulet et les faire frire, en remuant fréquemment, pendant environ 10 minutes jusqu'à ce qu'elles soient dorées et presque cuites. Ajouter le reste des ingrédients et faire sauter pendant environ 5 minutes jusqu'à ce que le poulet soit croustillant et bien cuit.

Cuisses de poulet grillées

pour 4 personnes

16 cuisses de poulet
30 ml / 2 cuillères à soupe de vin de riz ou de xérès sec
30 ml / 2 cuillères à soupe de vinaigre de vin
30 ml / 2 cuillères à soupe d'huile d'olive
sel et poivre fraîchement moulu
120 ml / 4 fl oz / ½ tasse de jus d'orange
30 ml / 2 cuillères à soupe de sauce soja
30 ml / 2 cuillères à soupe de miel
15 ml / 1 cuillère à soupe de jus de citron
2 tranches de racine de gingembre, hachées
120 ml / 4 fl oz / ½ tasse de sauce chili

Mélanger tous les ingrédients sauf la sauce chili, couvrir et laisser mariner au réfrigérateur pendant une nuit. Retirer le poulet de la marinade et cuire sur le gril ou le gril (broil) pendant environ 25 minutes, en le retournant et en l'arrosant de sauce chili pendant la cuisson.

Cuisses de Poulet Hoisin

pour 4 personnes

8 cuisses de poulet
600 ml / 1 pt / 2½ tasses de bouillon de poulet
sel et poivre fraîchement moulu
250 ml / 8 oz liq. / 1 tasse de sauce hoisin
30 ml / 2 cuillères à soupe de farine ordinaire (tout usage)
2 oeufs battus
100 g / 4 oz / 1 tasse de chapelure
huile de friture

Placer les pilons et le bouillon dans une poêle, porter à ébullition, couvrir et laisser mijoter pendant 20 minutes jusqu'à ce qu'ils soient cuits. Retirer le poulet de la poêle et éponger avec du papier absorbant. Placer le poulet dans un bol et assaisonner de sel et de poivre. Verser la sauce hoisin et laisser mariner pendant 1 heure. Pour drainer. Passer le poulet dans la farine, puis l'enrober d'œufs et de chapelure, puis à nouveau d'œuf et de chapelure. Faire chauffer l'huile et faire frire le poulet pendant environ 5 minutes jusqu'à ce qu'il soit doré. Égoutter sur du papier absorbant et servir chaud ou froid.

poulet braisé

Pour 4 à 6 portions

75 ml / 5 cuillères à soupe d'huile d'arachide (cacahuètes)

1 poulet

3 oignons nouveaux (oignons verts), tranchés

3 tranches de racine de gingembre

120 ml / 4 fl oz / ½ tasse de sauce soja

30 ml / 2 cuillères à soupe de vin de riz ou de xérès sec

5 ml / 1 cuillère à café de sucre

Faire chauffer l'huile et faire revenir le poulet jusqu'à ce qu'il soit doré. Ajouter les oignons verts, le gingembre, la sauce soja et le vin ou le xérès et porter à ébullition. Couvrir et laisser mijoter 30 minutes en retournant de temps en temps. Ajouter le sucre, couvrir et laisser mijoter 30 minutes supplémentaires jusqu'à ce que le poulet soit cuit.

poulet frit croustillant

pour 4 personnes

1 poulet

sel

30 ml / 2 cuillères à soupe de vin de riz ou de xérès sec

3 oignons nouveaux (oignons verts), coupés en dés

1 tranche de racine de gingembre

30 ml / 2 cuillères à soupe de sauce soja

30 ml / 2 cuillères à soupe de sucre

5 ml / 1 cuillère à café de clous de girofle entiers

5 ml / 1 cuillère à café de sel

5 ml / 1 cuillère à café de grains de poivre

150 ml / ¼ pt / généreux ½ tasse de bouillon de poulet

huile de friture

1 laitue, râpée

4 tomates, tranchées

½ concombre, tranché

Frottez le poulet avec du sel et laissez-le reposer pendant 3 heures. Rincez et placez dans un bol. Ajouter le vin ou le sherry, le gingembre, la sauce soja, le sucre, les clous de girofle, le sel, les grains de poivre et le bouillon et bien mélanger. Placer le bol dans un cuiseur à vapeur, couvrir et cuire à la vapeur pendant environ 2 ¼ heures jusqu'à ce que le poulet soit bien cuit. Pour drainer. Faites chauffer l'huile jusqu'à ce qu'elle fume, puis ajoutez le poulet et faites-le frire jusqu'à ce qu'il soit doré. Frire encore 5 minutes, retirer de l'huile et égoutter. Couper en pointes et déposer sur une assiette de service chaude. Garnir de laitue, de tomates et de concombre et servir avec une vinaigrette sel et poivre.

Poulet Frit Entier

Pour 5 personnes

1 poulet

10 ml / 2 cuillères à café de sel

15 ml / 1 cuillère à soupe de vin de riz ou de xérès sec

2 oignons verts (oignons verts), coupés en deux

3 tranches de racine de gingembre, coupées en lanières

huile de friture

Séchez le poulet et frottez la peau avec du sel et du vin ou du xérès. Placer la ciboulette et le gingembre à l'intérieur de la cavité. Suspendez le poulet à sécher dans un endroit frais pendant environ 3 heures. Faites chauffer l'huile et placez le poulet dans un panier à friture. Abaisser doucement dans l'huile et arroser continuellement l'intérieur et l'extérieur jusqu'à ce que le poulet soit légèrement coloré. Retirer de l'huile et laisser refroidir légèrement pendant que vous réchauffez l'huile. Frire à nouveau jusqu'à ce qu'il soit doré. Bien égoutter puis couper en morceaux.

poulet aux cinq épices

Pour 4 à 6 portions

1 poulet

120 ml / 4 fl oz / ½ tasse de sauce soja

2,5 cm / 1 pouce de racine de gingembre, hachée

1 gousse d'ail écrasée

15 ml / 1 cuillère à soupe de cinq épices en poudre

30 ml / 2 cuillères à soupe de vin de riz ou de xérès sec

30 ml / 2 cuillères à soupe de miel

2,5 ml / ½ cuillère à café d'huile de sésame

huile de friture

30 ml / 2 cuillères à soupe de sel

5 ml / 1 cuillère à café de poivre fraîchement moulu

Placez le poulet dans une grande casserole et remplissez-le jusqu'au milieu de la cuisse avec de l'eau. Réserver 15 ml / 1 cuillère à soupe de sauce soja et ajouter le reste dans la poêle avec le gingembre, l'ail et la moitié du cinq-épices en poudre. Porter à ébullition, couvrir et cuire à feu doux pendant 5 minutes. Éteignez le feu et laissez le poulet reposer dans l'eau jusqu'à ce que l'eau soit tiède. Pour drainer.

Couper le poulet en deux dans le sens de la longueur et placer le côté coupé vers le bas dans une rôtissoire. Mélangez le reste de la sauce soja et de la poudre de cinq épices avec le vin ou le xérès, le miel et l'huile de sésame. Frotter le mélange sur le poulet et laisser reposer pendant 2 heures, en badigeonnant de temps en temps avec le mélange. Faites chauffer l'huile et faites frire les moitiés de poulet pendant environ 15 minutes jusqu'à ce qu'elles soient dorées et bien cuites. Égoutter sur du papier absorbant et couper en portions.

Pendant ce temps, mélanger le sel et le poivre et faire chauffer dans une poêle à sec pendant environ 2 minutes. Servir en sauce avec le poulet.

Poulet au gingembre et ciboulette

pour 4 personnes

1 poulet

2 tranches de racine de gingembre, coupées en lanières

sel et poivre fraîchement moulu

90 ml / 4 cuillères à soupe d'huile d'arachide

8 oignons nouveaux (oignons verts), hachés finement

10 ml / 2 cuillères à café de vinaigre de vin blanc

5 ml / 1 cuillère à café de sauce soja

Placer le poulet dans une grande casserole, ajouter la moitié du gingembre et verser suffisamment d'eau pour presque couvrir le poulet. Assaisonnez avec du sel et du poivre. Porter à ébullition, couvrir et laisser mijoter environ 1h15 jusqu'à tendreté. Laisser reposer le poulet dans le bouillon jusqu'à ce qu'il refroidisse. Égoutter le poulet et réfrigérer jusqu'à ce qu'il soit froid. Couper en portions.

Râper le gingembre restant et mélanger avec l'huile, les oignons nouveaux, le vinaigre de vin et la sauce soja, le sel et le poivre. Réfrigérer pendant 1 heure. Disposez les morceaux de poulet dans un bol de service et versez dessus la vinaigrette au gingembre. Servir avec du riz vapeur.

poulet poché

pour 4 personnes

1 poulet
1,2 l / 2 pts / 5 tasses de bouillon de poulet ou d'eau
30 ml / 2 cuillères à soupe de vin de riz ou de xérès sec
4 oignons verts (oignons verts), hachés
1 tranche de racine de gingembre
5 ml / 1 cuillère à café de sel

Placer le poulet dans une grande casserole avec tous les ingrédients restants. Le bouillon ou l'eau doit arriver jusqu'au milieu de la cuisse. Porter à ébullition, couvrir et laisser mijoter environ 1 heure jusqu'à ce que le poulet soit bien cuit. Égoutter en réservant le bouillon pour les soupes.

Poulet Cuit Rouge

pour 4 personnes

1 poulet

250 ml / 8 fl oz / 1 tasse de sauce soja

Placer le poulet dans une poêle, verser dessus la sauce soja et remplir d'eau pour recouvrir presque le poulet. Porter à ébullition, couvrir et laisser mijoter environ 1 heure jusqu'à ce que le poulet soit cuit, en le retournant de temps en temps.

Poulet aux épices cuit au rouge

pour 4 personnes

2 tranches de racine de gingembre

2 oignons nouveaux (oignons verts)

1 poulet

3 clous de girofle d'anis étoilé

½ bâton de cannelle

15 ml / 1 cuillère à soupe de grains de poivre de Sichuan

75 ml / 5 cuillères à soupe de sauce soja

75 ml / 5 cuillères à soupe de vin de riz ou de xérès sec

75 ml / 5 cuillères à soupe d'huile de sésame

15 ml / 1 cuillère à soupe de sucre

Placez le gingembre et les oignons verts à l'intérieur de la cavité du poulet et placez le poulet dans une poêle. Attachez l'anis étoilé, la cannelle et les grains de poivre ensemble dans un morceau de mousseline et ajoutez-les à la poêle. Verser sur la sauce soja, le vin ou le xérès et l'huile de sésame. Porter à ébullition, couvrir et cuire à feu doux environ 45 minutes. Ajouter le sucre, couvrir et laisser mijoter 10 minutes de plus jusqu'à ce que le poulet soit bien cuit.

Poulet grillé au sésame

pour 4 personnes

50g / 2oz de graines de sésame
1 oignon finement haché
2 gousses d'ail hachées
10 ml / 2 cuillères à café de sel
1 piment rouge séché, écrasé
pincée de clous de girofle moulus
2,5 ml / ½ cuillère à café de cardamome moulue
2,5 ml / ½ cuillère à café de gingembre moulu
75 ml / 5 cuillères à soupe d'huile d'arachide (cacahuètes)
1 poulet

Mélanger tous les assaisonnements et l'huile et badigeonner le poulet. Placez-le dans une rôtissoire et ajoutez 30 ml / 2 cuillères à soupe d'eau dans la casserole. Rôtir dans un four préchauffé à 180°C/350°F/thermostat 4 pendant environ 2 heures, en arrosant et en retournant le poulet de temps en temps, jusqu'à ce qu'il soit doré et bien cuit. Ajouter un peu plus d'eau, si nécessaire, pour éviter les brûlures.

Poulet à la sauce soja

Pour 4 à 6 portions

300 ml / ½ pt / 1 ¼ tasse de sauce soja

300 ml / ½ pt / 1 ¼ tasses de vin de riz ou de sherry sec

1 oignon haché

3 tranches de racine de gingembre, hachées

50g / 2oz / ¼ tasse de sucre

1 poulet

15 ml / 1 cuillère à soupe de semoule de maïs (fécule de maïs)

60 ml / 4 cuillères à soupe d'eau

1 concombre, pelé et tranché

30 ml / 2 cuillères à soupe de persil frais haché

Mélanger la sauce soja, le vin ou le xérès, l'oignon, le gingembre et le sucre dans une casserole et porter à ébullition. Ajouter le poulet, ramener à ébullition, couvrir et laisser mijoter pendant 1 heure, en retournant le poulet de temps en temps, jusqu'à ce qu'il soit cuit. Transférer le poulet dans une assiette de service chaude et trancher. Verser tout sauf 250 ml / 8 fl oz / 1 tasse de liquide de cuisson et ramener à ébullition. Mélanger la semoule de maïs et l'eau dans une pâte, incorporer dans la casserole et laisser mijoter, en remuant, jusqu'à ce que la sauce s'amincit et épaississe. Étaler un peu de sauce sur le poulet et garnir le poulet de concombre et de persil. Servir le reste de la sauce à part.

poulet vapeur

pour 4 personnes

1 poulet

45 ml / 3 cuillères à soupe de vin de riz ou de xérès sec

sel

2 tranches de racine de gingembre

2 oignons nouveaux (oignons verts)

250 ml / 8 fl oz / 1 tasse de bouillon de poulet

Placer le poulet dans un bol allant au four et frotter avec du vin ou du sherry et du sel et placer le gingembre et les oignons nouveaux à l'intérieur de la cavité. Placez le bol sur une grille dans un cuiseur vapeur, couvrez et faites cuire à la vapeur sur de l'eau bouillante pendant environ 1 heure jusqu'à ce qu'il soit bien cuit. Servir chaud ou froid.

Poulet vapeur à l'anis

pour 4 personnes

250 ml / 8 fl oz / 1 tasse de sauce soja

250 ml / 8 fl oz / 1 tasse d'eau

15 ml / 1 cuillère à soupe de cassonade

4 clous de girofle d'anis étoilé

1 poulet

Mélanger la sauce soja, l'eau, le sucre et l'anis dans une casserole et porter à ébullition à feu doux. Placer le poulet dans un bol et bien arroser le mélange à l'intérieur et à l'extérieur. Réchauffez le mélange et répétez. Placer le poulet dans un bol réfractaire. Placez le bol sur une grille dans un cuiseur vapeur, couvrez et faites cuire à la vapeur sur de l'eau bouillante pendant environ 1 heure jusqu'à ce qu'il soit bien cuit.

poulet au goût étrange

pour 4 personnes

1 poulet

5 ml / 1 c. à thé de racine de gingembre hachée

5 ml / 1 cuillère à café d'ail haché

45 ml / 3 cuillères à soupe de sauce soja épaisse

5 ml / 1 cuillère à café de sucre

2,5 ml / ½ cuillère à café de vinaigre de vin

10 ml / 2 cuillères à café de sauce sésame

5 ml / 1 cuillère à café de poivre fraîchement moulu

10 ml / 2 cuillères à café d'huile de piment

½ laitue, râpée

15 ml / 1 cuillère à soupe de coriandre fraîche hachée

Placez le poulet dans une casserole et remplissez-le d'eau jusqu'à ce qu'il atteigne le milieu des cuisses de poulet. Porter à ébullition, couvrir et laisser mijoter environ 1 heure jusqu'à ce que le poulet soit tendre. Retirer de la poêle et bien égoutter et tremper dans de l'eau glacée jusqu'à ce que la viande soit complètement froide. Bien égoutter et couper en morceaux de 5 cm / 2. Mélanger tous les ingrédients restants et verser sur le poulet. Servir garni de laitue et de coriandre.

morceaux de poulet croustillants

pour 4 personnes

100g / 4oz farine ordinaire (tout usage)

pincée de sel

15 ml / 1 cuillère à soupe d'eau

1 oeuf

350 g / 12 oz de poulet cuit, coupé en cubes

huile de friture

Mélangez la farine, le sel, l'eau et l'œuf jusqu'à obtenir une pâte assez ferme, en ajoutant un peu d'eau si nécessaire. Tremper les morceaux de poulet dans la pâte jusqu'à ce qu'ils soient bien enrobés. Faire chauffer l'huile jusqu'à ce qu'elle soit très chaude et faire frire le poulet pendant quelques minutes jusqu'à ce qu'il soit croustillant et doré.

Poulet aux Haricots Verts

pour 4 personnes

45 ml / 3 cuillères à soupe d'huile d'arachide (cacahuètes)
450 g / 1 lb de poulet cuit, effiloché
5 ml / 1 cuillère à café de sel
2,5 ml / ½ cuillère à café de poivre fraîchement moulu
8 oz / 225 g de haricots verts, coupés en morceaux
1 branche de céleri, coupée en diagonale
225 g / 8 oz de champignons, tranchés
250 ml / 8 fl oz / 1 tasse de bouillon de poulet
30 ml / 2 cuillères à soupe de semoule de maïs (fécule de maïs)
60 ml / 4 cuillères à soupe d'eau
10 ml / 2 cuillères à café de sauce soja

Faire chauffer l'huile et faire frire le poulet, assaisonner de sel et de poivre jusqu'à ce qu'il soit légèrement doré. Ajouter les haricots, le céleri et les champignons et bien mélanger. Ajouter le bouillon, porter à ébullition, couvrir et laisser mijoter 15 minutes. Mélanger la semoule de maïs, l'eau et la sauce soja en une pâte, remuer dans la casserole et laisser mijoter, en remuant, jusqu'à ce que la sauce s'amincisse et épaississe.

Poulet cuit à l'ananas

pour 4 personnes

45 ml / 3 cuillères à soupe d'huile d'arachide (cacahuètes)
8 oz / 225 g de poulet cuit, coupé en dés
sel et poivre fraîchement moulu
2 branches de céleri, coupées en diagonale
3 tranches d'ananas, coupées en morceaux
120 ml / 4 fl oz / ½ tasse de bouillon de poulet
15 ml / 1 cuillère à soupe de sauce soja
10 ml / 2 cuillères à soupe de semoule de maïs (fécule de maïs)
30 ml / 2 cuillères à soupe d'eau

Faire chauffer l'huile et faire revenir le poulet jusqu'à ce qu'il soit légèrement doré. Saler et poivrer, ajouter le céleri et faire revenir 2 minutes. Ajouter l'ananas, le bouillon et la sauce soja et remuer pendant quelques minutes jusqu'à ce que le tout soit bien chaud. Mélanger la semoule de maïs et l'eau dans une pâte, incorporer dans la casserole et laisser mijoter, en remuant, jusqu'à ce que la sauce s'amincit et épaississe.

Poulet aux Poivrons et Tomates

pour 4 personnes

45 ml / 3 cuillères à soupe d'huile d'arachide (cacahuètes)

450 g / 1 lb de poulet cuit, tranché

10 ml / 2 cuillères à café de sel

5 ml / 1 cuillère à café de poivre fraîchement moulu

1 poivron vert coupé en morceaux

4 grosses tomates, sans la peau et coupées en quartiers

250 ml / 8 fl oz / 1 tasse de bouillon de poulet

30 ml / 2 cuillères à soupe de semoule de maïs (fécule de maïs)

15 ml / 1 cuillère à soupe de sauce soja

120 ml / 4 fl oz / ½ tasse d'eau

Faire chauffer l'huile et faire frire le poulet, assaisonner de sel et de poivre jusqu'à ce qu'il soit doré. Ajouter les poivrons et les tomates. Verser le bouillon, porter à ébullition, couvrir et laisser mijoter 15 minutes. Mélanger la semoule de maïs, la sauce soja et l'eau en une pâte, incorporer dans la casserole et laisser mijoter, en remuant, jusqu'à ce que la sauce s'amincisse et épaississe.

Poulet au sésame

pour 4 personnes

450 g / 1 lb de poulet cuit, coupé en lanières
2 tranches de gingembre haché finement
1 oignon de printemps (oignon vert), haché finement
sel et poivre fraîchement moulu
60 ml / 4 cuillères à soupe de vin de riz ou de xérès sec
60 ml / 4 cuillères à soupe d'huile de sésame
10 ml / 2 cuillères à café de sucre
5 ml / 1 cuillère à café de vinaigre de vin
150 ml / ¼ pt / généreuse ½ tasse de sauce soya

Disposer le poulet sur une assiette de service et saupoudrer de gingembre, ciboulette, sel et poivre. Mélanger le vin ou le xérès, l'huile de sésame, le sucre, le vinaigre de vin et la sauce soja. Verser sur le poulet.

poussins frits

pour 4 personnes

2 poussins, coupés en deux
45 ml / 3 cuillères à soupe de sauce soja
45 ml / 3 cuillères à soupe de vin de riz ou de xérès sec
120 ml / 4 fl oz / ½ tasse d'huile d'arachide (cacahuètes)
1 oignon de printemps (oignon vert), haché finement
30 ml / 2 cuillères à soupe de bouillon de poulet
10 ml / 2 cuillères à café de sucre
5 ml / 1 cuillère à café d'huile de piment
5 ml / 1 cuillère à café de pâte d'ail
sel et poivre

Placer les poussins dans un bol. Mélanger la sauce soja et le vin ou le xérès, verser sur les poussins, couvrir et laisser mariner pendant 2 heures en arrosant fréquemment. Faites chauffer l'huile et faites revenir les poussins environ 20 minutes jusqu'à ce qu'ils soient bien cuits. Sortez-les de la poêle et faites chauffer l'huile. Remettez-les dans la poêle et faites-les frire jusqu'à ce qu'ils soient dorés. Vidanger la plus grande partie de l'huile. Mélanger les ingrédients restants, ajouter à la poêle et chauffer rapidement. Verser sur les poussins avant de servir.

Dinde avec mange-tout

pour 4 personnes

60 ml / 4 cuillères à soupe d'huile d'arachide

2 oignons verts (oignons verts), hachés

2 gousses d'ail écrasées

1 tranche de racine de gingembre, hachée

225 g / 8 oz poitrine de dinde, coupée en lanières

8 oz / 225 g de pois mange-tout

100 g de pousses de bambou, coupées en lanières

50 g de châtaignes d'eau, coupées en lanières

45 ml / 3 cuillères à soupe de sauce soja

15 ml / 1 cuillère à soupe de vin de riz ou de xérès sec

5 ml / 1 cuillère à café de sucre

5 ml / 1 cuillère à café de sel

15 ml / 1 cuillère à soupe de semoule de maïs (fécule de maïs)

Faites chauffer 45 ml / 3 cuillères à soupe d'huile et faites revenir les oignons nouveaux, l'ail et le gingembre jusqu'à ce qu'ils soient légèrement dorés. Ajouter la dinde et faire revenir 5 minutes. Retirer de la poêle et réserver. Faites chauffer le reste d'huile et faites revenir les pois gourmands, les pousses de bambou et les châtaignes d'eau pendant 3 minutes. Ajouter la sauce soja, le vin ou le xérès, le sucre et le sel et remettre la dinde dans la poêle.

Faire revenir 1 minute. Mélangez la semoule de maïs avec un peu d'eau, versez-la dans la casserole et faites cuire à feu doux, en remuant, jusqu'à ce que la sauce s'amincisse et épaississe.

Dinde aux Poivrons

pour 4 personnes

4 champignons chinois séchés
30 ml / 2 cuillères à soupe d'huile d'arachide
1 bok choy, coupé en lanières
350 g / 12 oz de dinde fumée, coupée en lanières
1 oignon tranché
1 poivron rouge coupé en lanières
1 poivron vert coupé en lanières
120 ml / 4 fl oz / ½ tasse de bouillon de poulet
30 ml / 2 cuillères à soupe de purée de tomates (pâte)
45 ml / 3 cuillères à soupe de vinaigre de vin
30 ml / 2 cuillères à soupe de sauce soja
15 ml / 1 cuillère à soupe de sauce hoisin
10 ml / 2 cuillères à café de semoule de maïs (fécule de maïs)
quelques gouttes d'huile de piment

Faire tremper les champignons dans de l'eau tiède pendant 30 minutes, puis les égoutter. Jetez les tiges et coupez le dessus en lanières. Faire chauffer la moitié de l'huile et faire frire le chou pendant environ 5 minutes ou jusqu'à ce qu'il soit cuit. Retirer du moule. Ajouter la dinde et faire revenir 1 minute. Ajouter les légumes et faire revenir 3 minutes. Mélanger le bouillon avec la purée de tomates, le vinaigre de vin et les sauces et ajouter à la poêle avec le chou. Mélangez la fécule de maïs avec un peu d'eau, remuez dans la casserole et portez à ébullition en remuant. Saupoudrer d'huile de piment et cuire à feu doux pendant 2 minutes en remuant continuellement.

dinde rôtie à la chinoise

Pour 8 à 10 personnes

1 petite dinde
600 ml / 1 pt / 2½ tasses d'eau chaude
10 ml / 2 cuillères à café de piment de la Jamaïque
500 ml / 16 fl oz / 2 tasses de sauce soja
5 ml / 1 cuillère à café d'huile de sésame
10 ml / 2 cuillères à café de sel
45 ml / 3 cuillères à soupe de beurre

Placer la dinde dans une poêle et verser dessus l'eau chaude. Ajouter le reste des ingrédients sauf le beurre et laisser reposer 1 heure en retournant plusieurs fois. Retirer la dinde du liquide et la badigeonner de beurre. Placer dans une rôtissoire, recouvrir légèrement d'essuie-tout et faire rôtir dans un four préchauffé à 160°C/325°F/thermostat 3 pendant environ 4 heures, en arrosant de temps en temps avec le liquide de sauce soja. Retirer le papier d'aluminium et laisser la peau croustillante pendant les 30 dernières minutes de cuisson.

Dinde aux Noix et Champignons

pour 4 personnes

450 g / 1 livre de filet de poitrine de dinde

sel et poivre

jus d'1 orange

15 ml / 1 cuillère à soupe de farine ordinaire (tout usage)

12 noix noires marinées avec jus

5 ml / 1 cuillère à café de semoule de maïs (fécule de maïs)

15 ml / 1 cuillère à soupe d'huile d'arachide

2 oignons nouveaux (oignons verts), coupés en dés

225g / 8oz de champignons

45 ml / 3 cuillères à soupe de vin de riz ou de xérès sec

10 ml / 2 cuillères à café de sauce soja

50g / 2oz / ½ tasse de beurre

25 g / 1 oz de pignons de pin

Couper la dinde en tranches de 1/2 cm d'épaisseur. Saupoudrer de sel, de poivre et de jus d'orange et saupoudrer de farine. Égoutter et couper les noix en deux, réserver le liquide et mélanger le liquide avec la fécule de maïs. Faire chauffer l'huile et faire frire la dinde jusqu'à ce qu'elle soit dorée. Ajouter les oignons nouveaux et les champignons et faire revenir pendant 2 minutes. Ajouter le vin ou le xérès et la sauce soja et laisser mijoter 30 secondes. Ajouter les noix au mélange de semoule de maïs, puis les incorporer dans la casserole et porter à ébullition. Ajouter le beurre en petits flocons mais ne pas laisser bouillir le mélange. Faites griller les pignons de pin dans une poêle à sec jusqu'à ce qu'ils soient dorés. Transférer le mélange de dinde dans une assiette de service chaude et servir garni de pignons de pin.

canard aux pousses de bambou

pour 4 personnes

6 champignons chinois séchés

1 canard

50g / 2oz de jambon fumé, coupé en lanières

100 g de pousses de bambou, coupées en lanières

2 oignons nouveaux (oignons verts), coupés en lanières

2 tranches de racine de gingembre, coupées en lanières

5 ml / 1 cuillère à café de sel

Faire tremper les champignons dans de l'eau tiède pendant 30 minutes, puis les égoutter. Jetez les tiges et coupez le dessus en lanières. Mettre tous les ingrédients dans un bol résistant à la chaleur et placer dans une casserole remplie d'eau jusqu'à ce que les deux tiers du bol soient remplis. Porter à ébullition, couvrir et cuire à feu doux environ 2 heures jusqu'à ce que le canard soit cuit, en rajoutant de l'eau bouillante au besoin.

Canard aux germes de soja

pour 4 personnes

225 g / 8 oz de germes de soja
45 ml / 3 cuillères à soupe d'huile d'arachide (cacahuètes)
450 g / 1 lb de viande de canard cuite
15 ml / 1 cuillère à soupe de sauce aux huîtres
15 ml / 1 cuillère à soupe de vin de riz ou de xérès sec
30 ml / 2 cuillères à soupe d'eau
2,5 ml / ½ cuillère à café de sel

Blanchir les germes de soja dans de l'eau bouillante pendant 2 minutes, puis égoutter. Faites chauffer l'huile, faites frire les germes de soja pendant 30 secondes. Ajouter le canard, faire sauter jusqu'à ce qu'il soit bien chaud. Ajouter le reste des ingrédients et faire revenir pendant 2 minutes pour mélanger les saveurs. Servir aussitôt.

canard mijoté

pour 4 personnes

4 oignons verts (oignons verts), hachés

1 tranche de racine de gingembre, hachée

120 ml / 4 fl oz / ½ tasse de sauce soja

30 ml / 2 cuillères à soupe de vin de riz ou de xérès sec

1 canard

120 ml / 4 fl oz / ½ tasse d'huile d'arachide (cacahuètes)

600 ml / 1 pt / 2½ tasses d'eau

15 ml / 1 cuillère à soupe de cassonade

Mélanger les oignons nouveaux, le gingembre, la sauce soja et le vin ou le xérès et frotter le canard à l'intérieur et à l'extérieur. Faire chauffer l'huile et faire frire le canard jusqu'à ce qu'il soit légèrement doré de tous les côtés. Vidanger l'huile. Ajouter l'eau et le reste du mélange de sauce soja, porter à ébullition, couvrir et laisser mijoter pendant 1 heure. Ajouter le sucre, couvrir et laisser mijoter encore 40 minutes jusqu'à ce que le canard soit tendre.

Canard vapeur au céleri

pour 4 personnes

350g / 12oz canard cuit, tranché

1 tête de céleri

250 ml / 8 fl oz / 1 tasse de bouillon de poulet

2,5 ml / ½ cuillère à café de sel

5 ml / 1 cuillère à café d'huile de sésame

1 tomate, coupée en quartiers

Placer le canard sur une grille vapeur. Coupez le céleri en morceaux de 7,5 cm / 3 longs et placez-les dans une casserole. Versez le bouillon, assaisonnez de sel et placez le cuiseur vapeur au-dessus de la casserole. Porter le bouillon à ébullition, puis laisser mijoter environ 15 minutes jusqu'à ce que le céleri soit tendre et que le canard soit bien chaud. Disposer le canard et le céleri sur une assiette de service chauffée, arroser le céleri d'huile de sésame et servir garni de quartiers de tomates.

canard au gingembre

pour 4 personnes

350 g / 12 oz de magret de canard, tranché finement

1 oeuf, légèrement battu

5 ml / 1 cuillère à café de sauce soja

5 ml / 1 cuillère à café de semoule de maïs (fécule de maïs)

5 ml / 1 cuillère à café d'huile d'arachide

huile de friture

50 g de pousses de bambou

50 g / 2 oz de pois mange-tout

2 tranches de racine de gingembre, hachées

15 ml / 1 cuillère à soupe d'eau

2,5 ml / ½ cuillère à café de sucre

2,5 ml / ½ c. à thé de vin de riz ou de xérès sec

2,5 ml / ½ cuillère à café d'huile de sésame

Mélanger le canard avec l'œuf, la sauce soja, la fécule de maïs et l'huile et laisser reposer 10 minutes. Faire chauffer l'huile et faire frire le canard et les pousses de bambou jusqu'à ce qu'ils soient cuits et dorés. Retirer de la poêle et bien égoutter. Versez tout sauf 15 ml / 1 cuillère à soupe d'huile de la poêle et faites sauter le canard, les pousses de bambou, les pois mange-tout, le gingembre, l'eau, le sucre et le vin ou le xérès pendant 2 minutes. Servir arrosé d'huile de sésame.

Canard aux Haricots Verts

pour 4 personnes

1 canard

60 ml / 4 cuillères à soupe d'huile d'arachide

2 gousses d'ail écrasées

2,5 ml / ½ cuillère à café de sel

1 oignon haché

15 ml / 1 cuillère à soupe de racine de gingembre râpée

45 ml / 3 cuillères à soupe de sauce soja

120 ml / 4 fl oz / ½ tasse de vin de riz ou de xérès sec

60 ml / 4 cuillères à soupe de sauce tomate (ketchup)

45 ml / 3 cuillères à soupe de vinaigre de vin

300 ml / ½ pt / 1¼ tasse de bouillon de poulet

1 livre / 450 g de haricots verts, tranchés

pincée de poivre fraîchement moulu

5 gouttes d'huile de piment

15 ml / 1 cuillère à soupe de semoule de maïs (fécule de maïs)

30 ml / 2 cuillères à soupe d'eau

Couper le canard en 8-10 morceaux. Faire chauffer l'huile et faire revenir le canard jusqu'à ce qu'il soit doré. Transférer dans un bol. Ajouter l'ail, le sel, l'oignon, le gingembre, la sauce soja, le vin ou le xérès, la sauce tomate et le vinaigre de vin. Mélanger, couvrir et laisser mariner au réfrigérateur pendant 3 heures.

Faire chauffer l'huile, ajouter le canard, le bouillon et la marinade, porter à ébullition, couvrir et laisser mijoter 1 heure. Ajouter les haricots, couvrir et laisser mijoter 15 minutes. Ajouter le poivre et l'huile de piment. Mélangez la semoule de maïs avec l'eau, versez-la dans la casserole et faites cuire à feu doux en remuant jusqu'à ce que la sauce épaississe.

canard frit à la vapeur

pour 4 personnes

1 canard
sel et poivre fraîchement moulu
huile de friture
sauce hoisin

Assaisonnez le canard de sel et de poivre et placez-le dans un bol résistant à la chaleur. Mettre dans une casserole remplie d'eau jusqu'aux deux tiers de la hauteur du récipient, porter à ébullition, couvrir et laisser mijoter environ 1h30 jusqu'à ce que le canard soit tendre. Égoutter et laisser refroidir.

Faire chauffer l'huile et faire frire le canard jusqu'à ce qu'il soit croustillant et doré. Retirer et bien égoutter. Couper en petits morceaux et servir avec de la sauce hoisin.

Canard aux Fruits Exotiques

pour 4 personnes

4 magrets de canard coupés en lanières
2,5 ml / ½ cuillère à café de cinq épices en poudre
30 ml / 2 cuillères à soupe de sauce soja
15 ml / 1 cuillère à soupe d'huile de sésame
15 ml / 1 cuillère à soupe d'huile d'arachide
3 branches de céleri, coupées en dés
2 tranches d'ananas, coupées en dés
100g / 4oz de melon coupé en dés
4 oz / 100 g de litchis, coupés en deux
130 ml / 4 fl oz / ½ tasse de bouillon de poulet
30 ml / 2 cuillères à soupe de purée de tomates (pâte)
30 ml / 2 cuillères à soupe de sauce hoisin
10 ml / 2 cuillères à café de vinaigre de vin
pincée de cassonade

Mettre le canard dans un bol. Mélanger le cinq-épices en poudre, la sauce soja et l'huile de sésame, verser sur le canard et laisser mariner 2 heures en remuant de temps en temps. Faites chauffer l'huile et faites revenir le canard pendant 8 minutes. Retirer du moule. Ajouter le céleri et les fruits et faire revenir 5 minutes. Remettre le canard dans la poêle avec le reste des ingrédients, porter à ébullition et laisser mijoter en remuant pendant 2 minutes avant de servir.

Canard Braisé aux Feuilles Chinoises

pour 4 personnes

1 canard

30 ml / 2 cuillères à soupe de vin de riz ou de xérès sec

30 ml / 2 cuillères à soupe de sauce hoisin

15 ml / 1 cuillère à soupe de semoule de maïs (fécule de maïs)

5 ml / 1 cuillère à café de sel

5 ml / 1 cuillère à café de sucre

60 ml / 4 cuillères à soupe d'huile d'arachide

4 oignons verts (oignons verts), hachés

2 gousses d'ail écrasées

1 tranche de racine de gingembre, hachée

75 ml / 5 cuillères à soupe de sauce soja

600 ml / 1 pt / 2½ tasses d'eau

8 oz / 225 g de feuilles chinoises, déchiquetées

Couper le canard en 6 morceaux environ. Mélanger le vin ou le xérès, la sauce hoisin, la fécule de maïs, le sel et le sucre et frotter le canard. Laisser reposer 1 heure. Faire chauffer l'huile et faire revenir les oignons nouveaux, l'ail et le gingembre quelques secondes. Ajouter le canard et le faire frire jusqu'à ce qu'il soit légèrement doré de tous les côtés. Égouttez tout excès de graisse. Verser la sauce soja et l'eau, porter à ébullition, couvrir et laisser mijoter environ 30 minutes. Ajouter les feuilles chinoises, couvrir à nouveau et laisser mijoter encore 30 minutes jusqu'à ce que le canard soit tendre.

canard ivre

pour 4 personnes

2 oignons verts (oignons verts), hachés
2 gousses d'ail hachées
1,5 l / 2½ pts / 6 tasses d'eau
1 canard
450 ml / ¾ pt / 2 tasses de vin de riz ou de sherry sec

Mettre la ciboulette, l'ail et l'eau dans une grande casserole et porter à ébullition. Ajouter le canard, ramener à ébullition, couvrir et laisser mijoter 45 minutes. Bien égoutter en réservant le liquide pour le bouillon. Laisser refroidir le canard, puis réfrigérer toute la nuit. Coupez le canard en morceaux et placez-les dans un grand bocal à vis. Verser le vin ou le sherry et réfrigérer environ 1 semaine avant d'égoutter et de servir froid.

canard aux cinq épices

pour 4 personnes

150 ml / ¼ pt / généreux ½ tasse de vin de riz ou de xérès sec

150 ml / ¼ pt / généreuse ½ tasse de sauce soya

1 canard

10 ml / 2 cuillères à café de cinq épices en poudre

Porter à ébullition le vin ou le xérès et la sauce soja. Ajouter le canard et laisser mijoter en tournant environ 5 minutes. Retirez le canard de la poêle et frottez la poudre de cinq épices sur la peau. Remettre la volaille dans la casserole et ajouter suffisamment d'eau pour recouvrir le canard à moitié. Porter à ébullition, couvrir et cuire à feu doux pendant environ 1 1/2 heures jusqu'à ce que le canard soit tendre, en le retournant et en l'arrosant fréquemment. Coupez le canard en 5 cm / 2 morceaux et servez chaud ou froid.

Canard sauté au gingembre

pour 4 personnes

1 canard

2 tranches de racine de gingembre, râpées

2 oignons verts (oignons verts), hachés

15 ml / 1 cuillère à soupe de semoule de maïs (fécule de maïs)

30 ml / 2 cuillères à soupe de sauce soja

30 ml / 2 cuillères à soupe de vin de riz ou de xérès sec

2,5 ml / ½ cuillère à café de sel

45 ml / 3 cuillères à soupe d'huile d'arachide (cacahuètes)

Retirez la viande des os et coupez-la en morceaux. Mélanger la viande avec tous les ingrédients restants sauf l'huile. Laisser reposer 1 heure. Faire chauffer l'huile et faire revenir le canard dans la marinade environ 15 minutes jusqu'à ce que le canard soit tendre.

Canard au Jambon et Poireaux

pour 4 personnes

1 canard

450 g / 1 livre de jambon fumé

2 poireaux

2 tranches de racine de gingembre, hachées

45 ml / 3 cuillères à soupe de vin de riz ou de xérès sec

45 ml / 3 cuillères à soupe de sauce soja

2,5 ml / ½ cuillère à café de sel

Placez le canard dans une casserole et recouvrez-le simplement d'eau froide. Porter à ébullition, couvrir et cuire à feu doux environ 20 minutes. Égoutter et réserver 450 ml / ¾ pts / 2 tasses de bouillon. Laissez le canard refroidir légèrement, puis détachez la viande des os et coupez-la en carrés de 5 cm. Couper le jambon en morceaux similaires. Couper de longs morceaux de poireau et rouler une tranche de canard et de jambon à l'intérieur de la feuille et attacher avec de la ficelle. Placer dans un récipient résistant à la chaleur. Ajouter le gingembre, le vin ou le sherry, la sauce soja et le sel au bouillon réservé et verser sur les rouleaux de canard. Placez le bol dans une casserole remplie d'eau jusqu'à ce qu'il arrive aux deux tiers de la hauteur des côtés du bol.

Porter à ébullition, couvrir et cuire à feu doux environ 1 heure jusqu'à ce que le canard soit tendre.

canard rôti au miel

pour 4 personnes

1 canard

sel

3 gousses d'ail, écrasées

3 oignons verts (oignons verts), hachés

45 ml / 3 cuillères à soupe de sauce soja

45 ml / 3 cuillères à soupe de vin de riz ou de xérès sec

45 ml / 3 cuillères à soupe de miel

200 ml / 7 fl oz / à peine 1 tasse d'eau bouillante

Séchez le canard et frottez-le avec du sel à l'intérieur et à l'extérieur. Mélanger l'ail, les oignons nouveaux, la sauce soja et le vin ou le xérès, puis diviser le mélange en deux. Mélanger le miel en deux et frotter sur le canard puis laisser sécher. Ajouter l'eau au mélange de miel restant. Versez le mélange de sauce soja dans la cavité du canard et placez-le sur une grille dans une rôtissoire avec un peu d'eau au fond. Cuire au four préchauffé à 180°C/350°F/thermostat 4 pendant environ 2 heures jusqu'à ce que le canard soit tendre, en arrosant tout au long de la cuisson avec le reste du mélange de miel.

canard rôti humide

pour 4 personnes

6 oignons nouveaux (oignons verts), hachés

2 tranches de racine de gingembre, hachées

1 canard

2,5 ml / ½ cuillère à café d'anis moulu

15 ml / 1 cuillère à soupe de sucre

45 ml / 3 cuillères à soupe de vin de riz ou de xérès sec

60 ml / 4 cuillères à soupe de sauce soja

250 ml / 8 fl oz / 1 tasse d'eau

Placer la moitié des oignons verts et le gingembre dans une grande poêle à fond épais. Placer le reste dans la cavité du canard et l'ajouter à la poêle. Ajouter tous les ingrédients restants sauf la sauce hoisin, porter à ébullition, couvrir et laisser mijoter environ 1 1/2 heure, en tournant de temps en temps. Retirez le canard de la poêle et laissez-le sécher environ 4 heures.

Placer le canard sur une grille dans une rôtissoire remplie d'un peu d'eau froide. Faire rôtir dans un four préchauffé à 230°C/450°F/thermostat 8 pendant 15 minutes, puis retourner et rôtir encore 10 minutes jusqu'à ce qu'ils soient croustillants.

Pendant ce temps, réchauffer le liquide réservé et verser sur le canard pour servir.

Canard sauté aux champignons

pour 4 personnes

1 canard

75 ml / 5 cuillères à soupe d'huile d'arachide (cacahuètes)

45 ml / 3 cuillères à soupe de vin de riz ou de xérès sec

15 ml / 1 cuillère à soupe de sauce soja

15 ml / 1 cuillère à soupe de sucre

5 ml / 1 cuillère à café de sel

pincée de poivre

2 gousses d'ail écrasées

225 g / 8 oz de champignons, coupés en deux

600 ml / 1 pt / 2½ tasses de bouillon de poulet

15 ml / 1 cuillère à soupe de semoule de maïs (fécule de maïs)

30 ml / 2 cuillères à soupe d'eau

5 ml / 1 cuillère à café d'huile de sésame

Coupez le canard en morceaux de 5 cm / 2. Faites chauffer 45 ml / 3 cuillères à soupe d'huile et faites revenir le canard jusqu'à ce qu'il soit légèrement doré de tous les côtés. Ajouter le vin ou le sherry, la sauce soja, le sucre, le sel et le poivre et cuire 4 minutes. Retirer du moule. Faire chauffer le reste de l'huile et faire revenir l'ail jusqu'à ce qu'il soit légèrement doré. Ajouter les champignons et remuer jusqu'à ce qu'ils soient juste enrobés d'huile, puis remettre le mélange de canard dans la poêle et ajouter le bouillon. Porter à ébullition, couvrir et cuire à feu doux environ 1 heure jusqu'à ce que le canard soit tendre. Mélanger la semoule de maïs et l'eau jusqu'à obtenir une pâte, puis l'incorporer au mélange et laisser mijoter, en remuant, jusqu'à ce que la sauce épaississe. Arrosez d'huile de sésame et servez.

canard aux deux champignons

pour 4 personnes

6 champignons chinois séchés

1 canard

750 ml / 1 ¼ pts / 3 tasses de bouillon de poulet

45 ml / 3 cuillères à soupe de vin de riz ou de xérès sec

5 ml / 1 cuillère à café de sel

100 g de pousses de bambou, coupées en lanières

100g / 4oz de champignons

Faire tremper les champignons dans de l'eau tiède pendant 30 minutes, puis les égoutter. Jetez les tiges et coupez les sommets en deux. Placez le canard dans un grand bol résistant à la chaleur avec le bouillon, le vin ou le xérès et le sel et placez-le dans une casserole remplie d'eau de manière à ce qu'il remonte aux deux tiers sur les côtés du bol. Porter à ébullition, couvrir et cuire à feu doux environ 2 heures jusqu'à ce que le canard soit tendre. Retirer de la poêle et couper la viande de l'os. Transférer le liquide de cuisson dans une casserole séparée. Placer les pousses de bambou et les deux types de champignons dans le fond du cuit-vapeur, remplacer la viande de canard, couvrir et cuire à la vapeur pendant 30 minutes supplémentaires. Porter à ébullition le liquide de cuisson et verser sur le canard pour servir.

Canard braisé aux oignons

pour 4 personnes

4 champignons chinois séchés
1 canard
90 ml / 6 cuillères à soupe de sauce soja
60 ml / 4 cuillères à soupe d'huile d'arachide
1 oignon nouveau (oignon vert), haché
1 tranche de racine de gingembre, hachée
45 ml / 3 cuillères à soupe de vin de riz ou de xérès sec
1 livre / 450g d'oignons, tranchés
100 g de pousses de bambou, tranchées
15 ml / 1 cuillère à soupe de cassonade
15 ml / 1 cuillère à soupe de semoule de maïs (fécule de maïs)
45 ml / 3 cuillères à soupe d'eau

Faire tremper les champignons dans de l'eau tiède pendant 30 minutes, puis les égoutter. Jeter les tiges et couper les sommets. Frottez 15 ml / 1 cuillère à soupe de sauce soja dans le canard. Réserver 15 ml / 1 cuillère à soupe d'huile, faire chauffer le reste d'huile et faire revenir l'oignon nouveau et le gingembre jusqu'à ce qu'ils soient légèrement dorés. Ajouter le canard et le faire frire jusqu'à ce qu'il soit légèrement doré de tous les côtés. Élimine l'excès de graisse. Ajouter le vin ou le sherry, le reste de la sauce soja dans la poêle et suffisamment d'eau pour couvrir presque le canard. Porter à ébullition, couvrir et cuire à feu doux pendant 1 heure en retournant de temps en temps.

Faire chauffer l'huile réservée et faire revenir les oignons jusqu'à ce qu'ils soient tendres. Retirer du feu et ajouter les pousses de bambou et les champignons, puis ajouter au canard, couvrir et laisser mijoter encore 30 minutes jusqu'à ce que le canard soit tendre. Retirez le canard de la poêle, coupez-le en morceaux et placez-le sur une assiette de service chaude. Porter à ébullition les liquides dans la casserole, ajouter le sucre et la fécule de maïs et laisser mijoter, en remuant, jusqu'à ce que le mélange bout et épaississe. Verser sur le canard pour servir.

Canard à l'Orange

pour 4 personnes

1 canard
3 oignons nouveaux (oignons verts), coupés en morceaux
2 tranches de racine de gingembre, coupées en lanières
1 tranche d'écorce d'orange
sel et poivre fraîchement moulu

Placez le canard dans une grande casserole, couvrez simplement d'eau et portez à ébullition. Ajouter les oignons nouveaux, le gingembre et le zeste d'orange, couvrir et laisser mijoter environ 1h30 jusqu'à ce que le canard soit tendre. Saler et poivrer, égoutter et servir.

canard rôti à l'orange

pour 4 personnes

1 canard

2 gousses d'ail, coupées en deux

45 ml / 3 cuillères à soupe d'huile d'arachide (cacahuètes)

1 oignon

1 orange

120 ml / 4 fl oz / ½ tasse de vin de riz ou de xérès sec

2 tranches de racine de gingembre, hachées

5 ml / 1 cuillère à café de sel

Frottez l'ail sur l'intérieur et l'extérieur du canard, puis badigeonnez-le d'huile. Piquez l'oignon pelé avec une fourchette, placez-le avec l'orange non pelée à l'intérieur de la cavité du canard et scellez avec une brochette. Placer le canard sur une grille au-dessus d'une rôtissoire remplie d'un peu d'eau chaude et faire rôtir dans un four préchauffé à 160°C/325°F/thermostat 3 pendant environ 2 heures. Jeter les liquides et remettre le canard dans la rôtissoire. Verser le vin ou le xérès et saupoudrer de gingembre et de sel. Remettre au four 30 minutes supplémentaires. Jeter l'oignon et l'orange et couper le canard en morceaux pour servir. Verser le jus de cuisson sur le canard pour servir.

Canard aux Poires et Châtaignes

pour 4 personnes

8 oz / 225 g de châtaignes décortiquées
1 canard
45 ml / 3 cuillères à soupe d'huile d'arachide (cacahuètes)
250 ml / 8 fl oz / 1 tasse de bouillon de poulet
45 ml / 3 cuillères à soupe de sauce soja
15 ml / 1 cuillère à soupe de vin de riz ou de xérès sec
5 ml / 1 cuillère à café de sel
1 tranche de racine de gingembre, hachée
1 grosse poire, pelée et coupée en tranches épaisses
15 ml / 1 cuillère à soupe de sucre

Faites bouillir les marrons pendant 15 minutes et égouttez-les. Coupez le canard en morceaux de 5 cm / 2. Faites chauffer l'huile et faites revenir le canard jusqu'à ce qu'il soit légèrement doré de tous les côtés. Égoutter tout excès d'huile, puis ajouter le bouillon, la sauce soja, le vin ou le xérès, le sel et le gingembre. Porter à ébullition, couvrir et laisser mijoter 25 minutes en remuant de temps en temps. Ajouter les marrons, couvrir et laisser mijoter encore 15 minutes. Saupoudrez la poire de sucre, ajoutez-la à la poêle et laissez mijoter environ 5 minutes jusqu'à ce qu'elle soit bien chaude.

canard laqué

pour 6

1 canard
250 ml / 8 fl oz / 1 tasse d'eau
120 ml / 4 fl oz / ½ tasse de miel
120 ml / 4 fl oz / ½ tasse d'huile de sésame
Pour les crêpes :
250 ml / 8 fl oz / 1 tasse d'eau
225 g / 8 oz / 2 tasses de farine ordinaire (tout usage)
huile d'arachide pour la friture

Pour les sauces :

120 ml / 4 oz liq / ½ tasse de sauce hoisin
30 ml / 2 cuillères à soupe de cassonade
30 ml / 2 cuillères à soupe de sauce soja
5 ml / 1 cuillère à café d'huile de sésame
6 oignons nouveaux (oignons verts), tranchés dans le sens de la longueur
1 concombre coupé en lanières

Le canard doit être entier avec la peau intacte. Attachez fermement le cou avec de la ficelle et cousez ou enfilez l'ouverture inférieure. Coupez une petite fente sur le côté du cou, insérez une paille et soufflez de l'air sous la peau jusqu'à ce qu'elle gonfle. Suspendre le canard au-dessus d'une bassine et laisser reposer 1 heure.

Porter à ébullition une casserole avec de l'eau, ajouter le canard et faire bouillir pendant 1 minute, puis retirer et bien sécher. Porter l'eau à ébullition et ajouter le miel. Frotter le mélange sur la peau de canard jusqu'à saturation. Suspendez le canard au-dessus d'un récipient dans un endroit frais et aéré pendant environ 8 heures jusqu'à ce que la peau soit dure.

Suspendez le canard ou placez-le sur une grille au-dessus d'une rôtissoire et faites-le rôtir dans un four préchauffé à 180°C/350°F/thermostat 4 pendant environ 1h30 en arrosant régulièrement d'huile de sésame.

Pour faire les pancakes, porter l'eau à ébullition, puis ajouter progressivement la farine. Pétrir légèrement jusqu'à ce que la pâte soit molle, couvrir d'un torchon humide et laisser reposer 15 minutes. Étaler sur une surface farinée et former un long cylindre. Couper en tranches de 2,5 cm / 1 po, puis aplatir à environ 5 mm / ¼ d'épaisseur et badigeonner le dessus d'huile. Empilez par paires avec les surfaces huilées en contact et saupoudrez légèrement l'extérieur avec de la farine. Étalez les paires à environ 10 cm de large et faites cuire par paires environ

1 minute de chaque côté jusqu'à ce qu'elles soient légèrement dorées. Séparer et empiler jusqu'au moment de servir.

Préparez les sauces en mélangeant la moitié de la sauce hoisin avec le sucre et en mélangeant le reste de la sauce hoisin avec la sauce soja et l'huile de sésame.

Sortez le canard du four, coupez la peau et coupez en carrés, et coupez la viande en cubes. Disposer sur des assiettes séparées et servir avec des crêpes, des sauces et des accompagnements.

Mijoté de Canard à l'Ananas

pour 4 personnes

1 canard

400 g / 14 oz de morceaux d'ananas en conserve au sirop

45 ml / 3 cuillères à soupe de sauce soja

5 ml / 1 cuillère à café de sel

pincée de poivre fraîchement moulu

Placer le canard dans une casserole à fond épais, couvrir juste d'eau, porter à ébullition, puis couvrir et laisser mijoter pendant 1 heure. Égouttez le sirop d'ananas dans la casserole avec la sauce soja, salez et poivrez, couvrez et laissez mijoter pendant 30 minutes supplémentaires. Ajouter les morceaux d'ananas et laisser mijoter 15 minutes supplémentaires jusqu'à ce que le canard soit tendre.

Canard sauté à l'ananas

pour 4 personnes

1 canard

45 ml / 3 cuillères à soupe de semoule de maïs (fécule de maïs)

45 ml / 3 cuillères à soupe de sauce soja

225 g / 8 oz d'ananas en conserve au sirop

45 ml / 3 cuillères à soupe d'huile d'arachide (cacahuètes)

2 tranches de racine de gingembre, coupées en lanières

15 ml / 1 cuillère à soupe de vin de riz ou de xérès sec

5 ml / 1 cuillère à café de sel

Coupez la viande de l'os et coupez-la en morceaux. Mélanger la sauce soja avec 30 ml / 2 cuillères à soupe de semoule de maïs et mélanger au canard jusqu'à ce qu'il soit bien enrobé. Laisser reposer 1h en remuant de temps en temps. Concassez l'ananas et le sirop et faites chauffer doucement dans une casserole. Mélangez le reste de semoule de maïs avec un peu d'eau, versez dans la casserole et faites cuire à feu doux en remuant jusqu'à ce que la sauce épaississe. Rester au chaud. Faire chauffer l'huile et faire frire le gingembre jusqu'à ce qu'il soit légèrement doré, puis jeter le gingembre. Ajouter le canard et le faire frire jusqu'à ce qu'il soit légèrement doré de tous les côtés. Ajouter le vin ou le xérès et le sel et faire revenir encore quelques minutes jusqu'à ce que le canard soit cuit. Dresser le canard sur une assiette de service chauffée, napper de sauce et servir aussitôt.

Canard Ananas Gingembre

pour 4 personnes

1 canard

100 g / 4 oz de gingembre en conserve au sirop

200 g / 7 oz de morceaux d'ananas en conserve au sirop

5 ml / 1 cuillère à café de sel

15 ml / 1 cuillère à soupe de semoule de maïs (fécule de maïs)

30 ml / 2 cuillères à soupe d'eau

Disposez le canard dans un bol résistant à la chaleur et placez-le dans une casserole remplie d'eau jusqu'à ce qu'il soit aux deux tiers de la hauteur des côtés du bol. Porter à ébullition, couvrir et cuire à feu doux environ 2 heures jusqu'à ce que le canard soit tendre. Retirer le canard et laisser refroidir légèrement. Retirer la peau et les arêtes et couper le canard en morceaux. Dresser sur un plat de service et réserver au chaud.

Égoutter le gingembre et le sirop d'ananas dans une casserole, ajouter le sel, la semoule de maïs et l'eau. Porter à ébullition en remuant et laisser mijoter quelques minutes en remuant jusqu'à ce que la sauce s'amincisse et épaississe. Ajouter le gingembre et l'ananas, remuer et verser sur le canard pour servir.

Canard à l'Ananas et aux Litchis

pour 4 personnes

4 magrets de canard

15 ml / 1 cuillère à soupe de sauce soja

1 clou de girofle d'anis étoilé

1 tranche de racine de gingembre

huile d'arachide pour la friture

90 ml / 6 cuillères à soupe de vinaigre de vin

100 g / 4 oz / ½ tasse de cassonade

250 ml / 8 fl oz / ½ tasse de bouillon de poulet

15 ml / 1 cuillère à soupe de sauce tomate (ketchup)

200 g / 7 oz de morceaux d'ananas en conserve au sirop

15 ml / 1 cuillère à soupe de semoule de maïs (fécule de maïs)

6 litchis en conserve

6 cerises au marasquin

Mettre les canards, la sauce soja, l'anis et le gingembre dans une casserole et couvrir d'eau froide. Porter à ébullition, écumer, puis couvrir et laisser mijoter environ 45 minutes jusqu'à ce que le canard soit cuit. Égoutter et sécher. Frire dans l'huile chaude jusqu'à ce qu'il soit croustillant.

Pendant ce temps, mélanger le vinaigre de vin, le sucre, le bouillon, la sauce tomate et 30 ml/2 cuillères à soupe de sirop d'ananas dans une casserole, porter à ébullition et laisser mijoter environ 5 minutes jusqu'à épaississement. Ajouter les fruits et chauffer avant de verser sur le canard pour servir.

Canard au Porc et aux Châtaignes

pour 4 personnes

6 champignons chinois séchés

1 canard

8 oz / 225 g de châtaignes décortiquées

225 g / 8 oz de porc maigre, coupé en cubes

3 oignons verts (oignons verts), hachés

1 tranche de racine de gingembre, hachée

250 ml / 8 fl oz / 1 tasse de sauce soja

900 ml / 1½ pts / 3¾ tasses d'eau

Faire tremper les champignons dans de l'eau tiède pendant 30 minutes, puis les égoutter. Jeter les tiges et couper les sommets. Mettre dans une grande poêle avec tous les ingrédients restants, porter à ébullition, couvrir et laisser mijoter environ 1h30 jusqu'à ce que le canard soit cuit.

Canard aux pommes de terre

pour 4 personnes

75 ml / 5 cuillères à soupe d'huile d'arachide (cacahuètes)

1 canard

3 gousses d'ail, écrasées

30 ml / 2 cuillères à soupe de sauce aux haricots noirs

10 ml / 2 cuillères à café de sel

1,2 l / 2 pts / 5 tasses d'eau

2 poireaux, en tranches épaisses

15 ml / 1 cuillère à soupe de sucre

45 ml / 3 cuillères à soupe de sauce soja

60 ml / 4 cuillères à soupe de vin de riz ou de xérès sec

1 clou de girofle d'anis étoilé

900 g / 2 lb de pommes de terre, tranchées épaisses

½ tête de feuilles chinoises

15 ml / 1 cuillère à soupe de semoule de maïs (fécule de maïs)

30 ml / 2 cuillères à soupe d'eau

brins de persil plat

Faites chauffer 60 ml / 4 cuillères à soupe d'huile et faites revenir le canard jusqu'à ce qu'il soit doré de tous les côtés. Attachez ou cousez l'extrémité du cou et placez le canard, le cou vers le bas, dans un bol profond. Faire chauffer le reste de l'huile et faire revenir l'ail jusqu'à ce qu'il soit légèrement doré. Ajouter la sauce aux haricots noirs et le sel et faire revenir pendant 1 minute. Ajouter l'eau, les poireaux, le sucre, la sauce soja, le vin ou le xérès et l'anis étoilé et porter à ébullition. Verser 120 ml / 8 fl oz / 1 tasse du mélange dans la cavité du canard et attacher ou coudre pour fixer. Portez le reste du mélange à ébullition dans la casserole. Ajouter le canard et les pommes de terre, couvrir et laisser mijoter 40 minutes en retournant le canard une fois. Disposer les feuilles chinoises sur une assiette de service. Retirer le canard de la poêle, couper en 5 cm / 2 morceaux et déposer sur le plat de service avec les pommes de terre. Mélangez la semoule de maïs avec l'eau jusqu'à obtenir une pâte, remuez-la dans la casserole et faites cuire à feu doux, en remuant, jusqu'à ce que la sauce épaississe.

Canard Bouilli Rouge

pour 4 personnes

1 canard

4 oignons nouveaux (oignons verts), coupés en morceaux

2 tranches de racine de gingembre, coupées en lanières

90 ml / 6 cuillères à soupe de sauce soja

45 ml / 3 cuillères à soupe de vin de riz ou de xérès sec

10 ml / 2 cuillères à café de sel

10 ml / 2 cuillères à café de sucre

Placez le canard dans une poêle à fond épais, couvrez simplement d'eau et portez à ébullition. Ajouter la ciboulette, le gingembre, le vin ou le xérès et le sel, couvrir et laisser mijoter environ 1 heure. Ajouter le sucre et laisser mijoter encore 45 minutes jusqu'à ce que le canard soit tendre. Trancher le canard sur une assiette de service et servir chaud ou froid, avec ou sans sauce.

Canard rôti au vin de riz

pour 4 personnes

1 canard

500 ml / 14 fl oz / 1¾ tasses de vin de riz ou de xérès sec

5 ml / 1 cuillère à café de sel

45 ml / 3 cuillères à soupe de sauce soja

Placer le canard dans une casserole à fond épais avec le xérès et le sel, porter à ébullition, couvrir et cuire à feu doux pendant 20 minutes. Égouttez le canard, réservez le liquide et badigeonnez-le de sauce soja. Placer sur une grille dans une rôtissoire remplie d'un peu d'eau chaude et faire rôtir dans un four préchauffé à 180°C / 350°F / thermostat 4 pendant environ 1 heure en arrosant régulièrement avec le vin liquide réservé.

Canard vapeur à l'alcool de riz

pour 4 personnes

1 canard
4 oignons verts (oignons verts), coupés en deux
1 tranche de racine de gingembre, hachée
250 ml / 8 fl oz / 1 tasse de vin de riz ou de xérès sec
30 ml / 2 cuillères à soupe de sauce soja
pincée de sel

Blanchir le canard à l'eau bouillante pendant 5 minutes et égoutter. Placer dans un bol résistant à la chaleur avec le reste des ingrédients. Placez le bol dans une casserole remplie d'eau jusqu'à ce qu'il arrive aux deux tiers de la hauteur des côtés du bol. Porter à ébullition, couvrir et cuire à feu doux environ 2 heures jusqu'à ce que le canard soit tendre. Jetez la ciboulette et le gingembre avant de servir.

canard salé

pour 4 personnes

45 ml / 3 cuillères à soupe d'huile d'arachide (cacahuètes)

4 magrets de canard

3 oignons nouveaux (oignons verts), tranchés

2 gousses d'ail écrasées

1 tranche de racine de gingembre, hachée

250 ml / 8 fl oz / 1 tasse de sauce soja

30 ml / 2 cuillères à soupe de vin de riz ou de xérès sec

30 ml / 2 cuillères à soupe de cassonade

5 ml / 1 cuillère à café de sel

450 ml / ¾ pt / 2 tasses d'eau

15 ml / 1 cuillère à soupe de semoule de maïs (fécule de maïs)

Faites chauffer l'huile et faites revenir les magrets de canard jusqu'à ce qu'ils soient dorés. Ajouter la ciboulette, l'ail et le gingembre et faire revenir 2 minutes. Ajouter la sauce soja, le vin ou le xérès, le sucre et le sel et bien mélanger. Ajouter de l'eau, porter à ébullition, couvrir et laisser mijoter pendant environ 1 1/2 heures jusqu'à ce que la viande soit très tendre. Mélangez la semoule de maïs avec un peu d'eau, puis versez-la dans la casserole et faites cuire à feu doux, en remuant, jusqu'à ce que la sauce épaississe.

Canard salé aux haricots verts

pour 4 personnes

45 ml / 3 cuillères à soupe d'huile d'arachide (cacahuètes)

4 magrets de canard

3 oignons nouveaux (oignons verts), tranchés

2 gousses d'ail écrasées

1 tranche de racine de gingembre, hachée

250 ml / 8 fl oz / 1 tasse de sauce soja

30 ml / 2 cuillères à soupe de vin de riz ou de xérès sec

30 ml / 2 cuillères à soupe de cassonade

5 ml / 1 cuillère à café de sel

450 ml / ¾ pt / 2 tasses d'eau

225g / 8oz haricots verts

15 ml / 1 cuillère à soupe de semoule de maïs (fécule de maïs)

Faites chauffer l'huile et faites revenir les magrets de canard jusqu'à ce qu'ils soient dorés. Ajouter la ciboulette, l'ail et le gingembre et faire revenir 2 minutes. Ajouter la sauce soja, le vin ou le xérès, le sucre et le sel et bien mélanger. Ajouter l'eau, porter à ébullition, couvrir et laisser mijoter environ 45 minutes. Ajouter les haricots, couvrir et laisser mijoter 20 minutes supplémentaires. Mélangez la semoule de maïs avec un peu d'eau, puis versez-la dans la casserole et faites cuire à feu doux, en remuant, jusqu'à ce que la sauce épaississe.

canard mijoté

pour 4 personnes

1 canard

50 g / 2 oz / ½ tasse de semoule de maïs (fécule de maïs)

huile de friture

2 gousses d'ail écrasées

30 ml / 2 cuillères à soupe de vin de riz ou de xérès sec

30 ml / 2 cuillères à soupe de sauce soja

5 ml / 1 cuillère à café de racine de gingembre râpée

750 ml / 1 ¼ pts / 3 tasses de bouillon de poulet

4 champignons chinois séchés

225 g / 8 oz de pousses de bambou, tranchées

225 g / 8 oz de châtaignes d'eau, tranchées

10 ml / 2 cuillères à café de sucre

pincée de poivre

5 oignons nouveaux (oignons verts), tranchés

Couper le canard en petits morceaux. Réserver 30 ml / 2 cuillères à soupe de semoule de maïs et enrober le canard avec le reste de semoule de maïs. Dépoussiérer l'excédent de poudre. Faire chauffer l'huile et faire revenir l'ail et le canard jusqu'à ce qu'ils soient légèrement dorés. Retirer de la poêle et égoutter sur du papier absorbant. Placer le canard dans une grande poêle.

Mélangez le vin ou le xérès, 15 ml / 1 cuillère à soupe de sauce soja et le gingembre. Ajouter à la poêle et cuire à feu vif pendant 2 minutes. Ajouter la moitié du bouillon, porter à ébullition, couvrir et laisser mijoter environ 1 heure jusqu'à ce que le canard soit tendre.

Pendant ce temps, faites tremper les champignons dans de l'eau tiède pendant 30 minutes, puis égouttez-les. Jeter les tiges et couper les sommets. Ajouter les champignons, les pousses de bambou et les châtaignes d'eau au canard et cuire en remuant fréquemment pendant 5 minutes. Écumez le gras du liquide. Mélangez le reste du bouillon, de la semoule de maïs et de la sauce soja avec le sucre et le poivre et remuez dans la casserole. Porter à ébullition en remuant, puis laisser mijoter environ 5 minutes jusqu'à ce que la sauce épaississe. Transférer dans un bol de service chaud et servir garni de ciboulette.

Canard Sauté

pour 4 personnes

1 blanc d'oeuf, légèrement battu
20 ml / 1½ cuillère à soupe de semoule de maïs (fécule de maïs)
sel
450 g / 1 lb de poitrines de canard, tranchées finement
45 ml / 3 cuillères à soupe d'huile d'arachide (cacahuètes)
2 oignons nouveaux (oignons verts), coupés en lanières
1 poivron vert coupé en lanières
5 ml / 1 cuillère à café de vin de riz ou de sherry sec
75 ml / 5 cuillères à soupe de bouillon de poulet
2,5 ml / ½ cuillère à café de sucre

Battez le blanc d'œuf avec 15 ml / 1 cuillère à soupe de semoule de maïs et une pincée de sel. Ajouter le canard émincé et mélanger jusqu'à ce que le canard soit enrobé. Faire chauffer l'huile et faire frire le canard jusqu'à ce qu'il soit bien cuit et doré. Retirer le canard de la poêle et égoutter tout sauf 30 ml / 2 cuillères à soupe d'huile. Ajouter les oignons nouveaux et le poivron et faire revenir pendant 3 minutes. Ajouter le vin ou le xérès, le bouillon et le sucre et porter à ébullition. Mélanger le reste de semoule de maïs avec un peu d'eau, l'incorporer à la sauce et laisser mijoter, en remuant, jusqu'à ce que la sauce épaississe. Ajouter le canard, chauffer et servir.

canard aux patates douces

pour 4 personnes

1 canard
250 ml / 8 fl oz / 1 tasse d'huile d'arachide (cacahuètes)
8 oz / 225 g de patates douces, pelées et coupées en cubes
2 gousses d'ail écrasées
1 tranche de racine de gingembre, hachée
2,5 ml / ½ cuillère à café de cannelle
2,5 ml / ½ cuillère à café de clous de girofle moulus
pincée d'anis moulu
5 ml / 1 cuillère à café de sucre
15 ml / 1 cuillère à soupe de sauce soja
250 ml / 8 fl oz / 1 tasse de bouillon de poulet
15 ml / 1 cuillère à soupe de semoule de maïs (fécule de maïs)
30 ml / 2 cuillères à soupe d'eau

Coupez le canard en morceaux de 5 cm / 2. Faites chauffer l'huile et faites revenir les pommes de terre jusqu'à ce qu'elles soient dorées. Retirez-les de la poêle et égouttez-les sauf 30 ml / 2 cuillères à soupe d'huile. Ajouter l'ail et le gingembre et faire revenir 30 secondes. Ajouter le canard et le faire frire jusqu'à ce qu'il soit légèrement doré de tous les côtés. Ajouter les épices, le sucre, la sauce soja et le bouillon et porter à ébullition. Ajouter les pommes de terre, couvrir et laisser mijoter environ 20 minutes jusqu'à ce que le canard soit tendre. Mélangez la semoule de maïs en pâte avec l'eau, puis remuez-la dans la casserole et laissez mijoter, en remuant, jusqu'à ce que la sauce épaississe.

canard aigre-doux

pour 4 personnes

1 canard

1,2 l / 2 pts / 5 tasses de bouillon de poulet

2 oignons

2 carottes

2 gousses d'ail, tranchées

15 ml / 1 cuillère à soupe d'épices à marinades

10 ml / 2 cuillères à café de sel

10 ml / 2 cuillères à café d'huile d'arachide

6 oignons nouveaux (oignons verts), hachés

1 mangue, pelée et coupée en cubes

12 litchis, coupés en deux

15 ml / 1 cuillère à soupe de semoule de maïs (fécule de maïs)

15 ml / 1 cuillère à soupe de vinaigre de vin

10 ml / 2 cuillères à café de purée de tomates (pâte)

15 ml / 1 cuillère à soupe de sauce soja

5 ml / 1 cuillère à café de cinq épices en poudre

300 ml / ½ pt / 1 ¼ tasse de bouillon de poulet

Placez le canard dans un panier vapeur au-dessus d'une casserole contenant le bouillon, l'oignon, la carotte, l'ail, le cornichon et le sel. Couvrir et cuire à la vapeur pendant 2h30. Refroidir le canard, couvrir et laisser refroidir pendant 6 heures. Retirez la viande des os et coupez-la en cubes. Faire chauffer l'huile et faire revenir le canard et la ciboulette jusqu'à ce qu'ils soient croustillants. Ajouter le reste des ingrédients, porter à ébullition et laisser mijoter 2 minutes en remuant jusqu'à ce que la sauce épaississe.

canard mandarine

pour 4 personnes

1 canard
60 ml / 4 cuillères à soupe d'huile d'arachide
1 morceau de zeste de mandarine séché
900 ml / 1½ pts / 3¾ tasses de bouillon de poulet
5 ml / 1 cuillère à café de sel

Suspendez le canard à sécher pendant 2 heures. Faire chauffer la moitié de l'huile et faire revenir le canard jusqu'à ce qu'il soit légèrement doré. Transférer dans un grand bol résistant à la chaleur. Faites chauffer le reste d'huile et faites revenir le zeste de mandarine pendant 2 minutes puis placez-le à l'intérieur du canard. Verser le bouillon sur le canard et assaisonner de sel. Placer le bol sur une grille dans un cuit-vapeur, couvrir et cuire à la vapeur environ 2 heures jusqu'à ce que le canard soit tendre.

Canard aux Légumes

pour 4 personnes

1 gros canard coupé en 16 morceaux
sel
300 ml / ½ pt / 1¼ tasse d'eau
300 ml / ½ pt / 1¼ tasse de vin blanc sec

120 ml / 4 fl oz / ½ tasse de vinaigre de vin
45 ml / 3 cuillères à soupe de sauce soja
30 ml / 2 cuillères à soupe de sauce aux prunes
30 ml / 2 cuillères à soupe de sauce hoisin
5 ml / 1 cuillère à café de cinq épices en poudre
6 oignons nouveaux (oignons verts), hachés
2 carottes hachées
5 cm / 2 radis blancs hachés
50g / 2oz bok choy, coupé en dés
poivre fraîchement moulu
5 ml / 1 cuillère à café de sucre

Mettez les morceaux de canard dans un bol, saupoudrez de sel et ajoutez l'eau et le vin. Ajouter le vinaigre de vin, la sauce soja, la sauce aux prunes, la sauce hoisin et la poudre de cinq épices, porter à ébullition, couvrir et laisser mijoter environ 1 heure. Ajouter les légumes dans la casserole, retirer le couvercle et laisser mijoter 10 minutes de plus. Assaisonner de sel, poivre et sucre et laisser refroidir. Couvrir et réfrigérer toute la nuit. Dégraisser, puis réchauffer le canard dans la sauce pendant 20 minutes.

Canard Sauté aux Légumes

pour 4 personnes

4 champignons chinois séchés
1 canard
10 ml / 2 cuillères à café de semoule de maïs (fécule de maïs)
15 ml / 1 cuillère à soupe de sauce soja
45 ml / 3 cuillères à soupe d'huile d'arachide (cacahuètes)
100 g de pousses de bambou, coupées en lanières
50 g de châtaignes d'eau, coupées en lanières
120 ml / 4 fl oz / ½ tasse de bouillon de poulet
15 ml / 1 cuillère à soupe de vin de riz ou de xérès sec
5 ml / 1 cuillère à café de sel

Faire tremper les champignons dans de l'eau tiède pendant 30 minutes, puis les égoutter. Jetez les tiges et coupez les sommets en dés. Retirez la viande des os et coupez-la en morceaux. Mélanger la semoule de maïs et la sauce soja, ajouter à la viande de canard et laisser reposer 1h. Faire chauffer l'huile et faire frire le canard jusqu'à ce qu'il soit légèrement doré de tous les côtés. Retirer du moule. Ajouter les champignons, les pousses de bambou et les châtaignes d'eau dans la poêle et cuire 3 minutes. Ajouter le bouillon, le vin ou le xérès et le sel, porter à ébullition et laisser mijoter pendant 3 minutes. Remettre le canard dans la poêle, couvrir et laisser mijoter encore 10 minutes jusqu'à ce que le canard soit tendre.

www.ingramcontent.com/pod-product-compliance
Lightning Source LLC
Chambersburg PA
CBHW070402120526
44590CB00014B/1225